Addieren und Subtrahieren bis 10

1
a) 6 + 1 =
5 + 4 =
4 + 2 =
2 + 3 =

b) 1 + 7 =
0 + 9 =
4 + 4 =
6 + 3 =

c) 7 + 3 =
4 + 6 =
6 + 4 =
9 + 1 =

d) 3 + 6 =
4 + 5 =
2 + 5 =
3 + 5 =

2
a) 4 + ⬜ = 9
3 + ⬜ = 9
4 + ⬜ = 7
4 + ⬜ = 6

b) 1 + ⬜ = 6
2 + ⬜ = 8
2 + ⬜ = 9
3 + ⬜ = 7

c) ⬜ + 1 = 9
⬜ + 0 = 9
⬜ + 2 = 9
⬜ + 5 = 9

d) ⬜ + 3 = 8
⬜ + 6 = 7
⬜ + 3 = 6
⬜ + 3 = 5

3

+	2	3	4
6			
4			
5			

4

+	1	3	6
2			
4			
3			

3 4 5 5
6 6 7 7
7 8 8 8
8 9 9 9
10 10

5 Setze das richtige Zeichen: < , = , > .

a) 3 + 4 ◯ 5
7 + 0 ◯ 8

b) 3 + 6 ◯ 8
2 + 5 ◯ 8

c) 2 + 5 ◯ 6
6 + 2 ◯ 9

d) 3 + 4 ◯ 8
5 + 4 ◯ 9

6 Rechne und male.

 6
 7
 8
 9

5 + 2

3 + 3

4 + 4

7 + 2

4 + 5

0 + 6

6 + 2

2 + 6

2 + 4

3 + 6

3 + 4

1 + 6

1

a)
8 − 6 =
9 − 6 =
9 − 2 =
8 − 4 =

b)
10 − 7 =
10 − 5 =
10 − 8 =
10 − 6 =

c)
9 − = 4
7 − = 1
4 − = 0
6 − = 1

d)
10 − = 4
10 − = 5
8 − = 6
9 − = 5

2

a)
9 − = 6
8 − = 3
6 − = 4
7 − = 3

b)
8 − = 5
7 − = 2
4 − = 0
9 − = 7

c)
− 4 = 5
− 3 = 5
− 5 = 2
− 2 = 3

d)
− 7 = 3
− 4 = 4
− 3 = 6
− 4 = 2

3

−	3	5	7
10			
8			
9			

4

−	4	6	7
8			
10			
7			

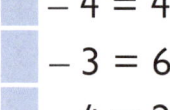

0 1 1 1
2 2 3 3
3 3 4 4
4 5 5 6
6 7

5

3	6
4	3
5	4
2	8

6 Setze das richtige Zeichen: <, =, >.

a)
6 − 3 ◯ 3
8 − 4 ◯ 4
7 − 0 ◯ 8
9 − 3 ◯ 7

b)
10 − 4 ◯ 6
10 − 5 ◯ 4
10 − 7 ◯ 4
10 − 8 ◯ 1

c)
8 − 3 ◯ 4
9 − 2 ◯ 8
10 − 6 ◯ 4
9 − 4 ◯ 5

d)
7 − 4 ◯ 3
8 − 5 ◯ 2
9 − 4 ◯ 4
8 − 4 ◯ 5

7 Max hat 10 €. Er kauft sich ein Auto für 7 €.
Wie viel Geld bleibt übrig?

Antwort: _____

1: Differenz/Subtrahend berechnen   2: Minuend/Subtrahend berechnen   3 und 4: Tabellen ergänzen
5: Rechenmauern lösen   6: Relationszeichen setzen   7: Inhalt erfassen, Aufgabe bilden und lösen, antworten   **TÜ** 1

Addieren und Subtrahieren bis 20

10 + 5 13 + 5 11 + 4 12 + 6 12 + 7 12 + 3
17 + 2 14 + 4 13 + 6 13 + 2 11 + 7 14 + 5

1

1	0	+	5	=	1	5

15

1	3	+	5	=	1	8

18

1	7	+	2	=	1	9

19

2

a)
15 + 3 =
12 + 4 =
11 + 9 =
10 + 7 =

b)
12 + 7 =
14 + 6 =
12 + 3 =
13 + 4 =

c)
12 + ☐ = 20
16 + ☐ = 19
14 + ☐ = 16
11 + ☐ = 17

d)
☐ + 12 = 16
☐ + 14 = 17
☐ + 11 = 19
☐ + 15 = 20

3

a)
15 + ☐ = 19
13 + ☐ = 18
14 + ☐ = 17
11 + ☐ = 16

b)
12 + ☐ = 20
16 + ☐ = 20
13 + ☐ = 20
11 + ☐ = 20

c)
☐ + 16 = 18
☐ + 17 = 20
☐ + 11 = 15
☐ + 14 = 19

d)
☐ + 11 = 18
☐ + 17 = 18
☐ + 14 = 18
☐ + 15 = 18

4

+	4	7	5	3	6
11					
13					

14 15 16 16 17 17 18 18 19 20

5

+	4	5	3	2	6
12					
14					

14 15 16 16 17 17 18 18 19 20

6 Setze das richtige Zeichen: <, =, >.

a)
14 + 4 ◯ 18
13 + 6 ◯ 18
12 + 7 ◯ 18
11 + 6 ◯ 18

b)
12 + 4 ◯ 17
15 + 3 ◯ 18
11 + 6 ◯ 16
13 + 5 ◯ 19

c)
12 + 6 ◯ 19
15 + 4 ◯ 18
12 + 4 ◯ 16
12 + 6 ◯ 17

d)
13 + 6 ◯ 20
11 + 4 ◯ 15
15 + 3 ◯ 17
11 + 7 ◯ 18

1 **a)** 14 − 4 = ▢▢ **b)** 18 − 6 = ▢▢ **c)** 20 − ▢ = 11 **d)** 19 − ▢ = 13
18 − 7 = ▢▢   15 − 4 = ▢▢   18 − ▢ = 13   17 − ▢ = 12
19 − 4 = ▢▢   19 − 5 = ▢▢   19 − ▢ = 12   20 − ▢ = 16
16 − 2 = ▢▢   16 − 3 = ▢▢   16 − ▢ = 14   19 − ▢ = 11

2 **a)** ▢▢ − 5 = 15 **b)** ▢▢ − 4 = 12 **c)** 18 − ▢ = 12 **d)** 15 − ▢ = 14
▢▢ − 6 = 11   ▢▢ − 5 = 13   19 − ▢ = 15   20 − ▢ = 15
▢▢ − 2 = 17   ▢▢ − 3 = 14   12 − ▢ = 11   19 − ▢ = 11
▢▢ − 6 = 12   ▢▢ − 4 = 13   18 − ▢ = 13   14 − ▢ = 12

3

−	8	6	4	7	5
20					
18					

10 11 12 12 13 13 14 14 15 16

4

−	5	3	4	6	2
16					
19					

10 11 12 13 13 14 14 15 16 17

5 Setze das richtige Zeichen: <, =, >.

a) 18 − 8 ◯ 10 **b)** 15 − 3 ◯ 12 **c)** 18 − 7 ◯ 12 **d)** 18 − 4 ◯ 13
15 − 4 ◯ 12   16 − 4 ◯ 11   17 − 6 ◯ 11   20 − 4 ◯ 15
17 − 6 ◯ 12   20 − 3 ◯ 16   18 − 3 ◯ 14   19 − 2 ◯ 16
19 − 5 ◯ 13   19 − 6 ◯ 14   17 − 3 ◯ 13   20 − 3 ◯ 17

6 **a)** 17 ──−3──▶ ▢▢   16 ──−5──▶ ▢▢   18 ──−6──▶ ▢▢   19 ──−3──▶ ▢▢
b) 18 ──−5──▶ ▢▢   19 ──−5──▶ ▢▢   16 ──−4──▶ ▢▢   20 ──−7──▶ ▢▢

7

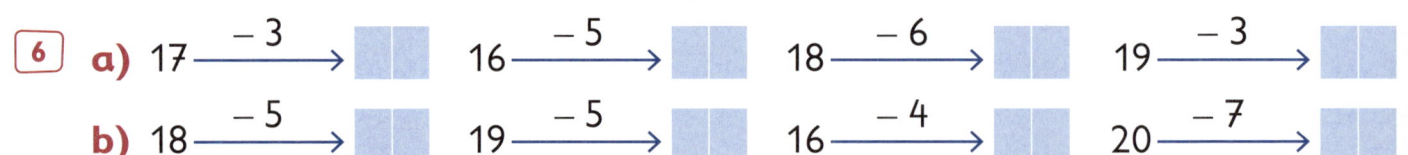

8	5	2

4	4	7

6	3	6

1: Differenz/Subtrahend berechnen   2: Minuend/Subtrahend berechnen   3 und 4: Tabellen ergänzen
5: Relationszeichen setzen   6: Subtrahieren; Differenzen bestimmen   7: Rechenmauern lösen   **TÜ** 2−4

1 Addiere.

$$6 + 9$$
$$6 + 4 = 10$$
$$10 + 5 = 15$$
$$6 + 9 = 15$$

a)
9 + 7 =
9 + 6 =
9 + 5 =
9 + 4 =

b)
8 + 8 =
7 + 8 =
6 + 8 =
5 + 8 =

c)
7 + 5 =
9 + 9 =
4 + 8 =
6 + 6 =

12 12 12 13 13 14 14 15 15 16 16 18

2 Subtrahiere.

$$12 - 5$$
$$12 - 2 = 10$$
$$10 - 3 = 7$$
$$12 - 5 = 7$$

a)
13 − 8 =
13 − 7 =
13 − 6 =
13 − 5 =

b)
16 − 7 =
15 − 7 =
14 − 7 =
13 − 7 =

c)
11 − 9 =
16 − 8 =
18 − 9 =
12 − 6 =

2 5 6 6 6 7 7 8 8 8 9 9 9

3

+	5	9	6	8
9				
8				

4

−	6	5	9	7
14				
12				

5
a)
9 + ☐ = 17
6 + ☐ = 15
8 + ☐ = 17
3 + ☐ = 12

b)
☐ + 6 = 14
☐ + 4 = 13
☐ + 5 = 14
☐ + 7 = 15

c)
13 − ☐ = 9
15 − ☐ = 7
11 − ☐ = 5
17 − ☐ = 8

d)
16 − ☐ = 8
14 − ☐ = 9
12 − ☐ = 6
14 − ☐ = 7

6

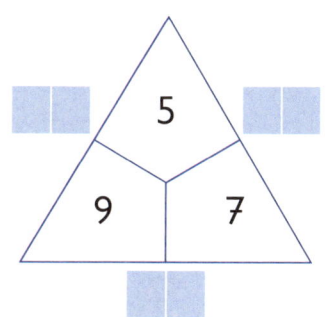

5
9   7

8
6   7

9
7   7

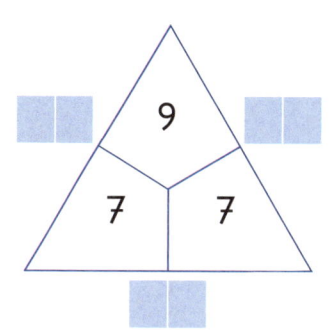

Tauschaufgaben und Umkehraufgaben

1 Finde die Aufgabe und die Tauschaufgabe.
Schreibe beide Aufgaben auf und löse sie.

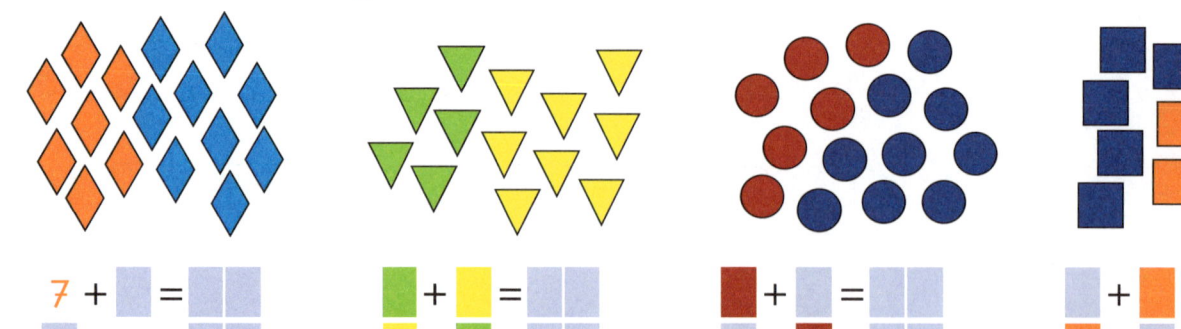

7 + ☐ = ☐☐
☐ + 7 = ☐☐

☐ + ☐ = ☐☐
☐ + ☐ = ☐☐

☐ + ☐ = ☐☐
☐ + ☐ = ☐☐

☐ + ☐ = ☐☐
☐ + ☐ = ☐☐

2 Löse die Aufgabe und die Tauschaufgabe.

9 + 6 = 15
6 + 9 = 15

7 + 8 = ☐☐
8 + 7 = ☐☐

6 + 5 = ☐☐
☐ + ☐ = ☐☐

4 + 8 = ☐☐
☐ + ☐ = ☐☐

3 Rechne. Überprüfe mit der Umkehraufgabe.

16 − 9 = 7
7 + 9 = 16

14 − 8 = ☐
☐ + 8 = ☐☐

17 − 9 = ☐
☐ + ☐ = ☐☐

11 − 6 = ☐
☐ + ☐ = ☐☐

4 Bilde die Aufgabenfamilien.

a) 6 8 14   **b)** 7 9 16   **c)** 5 9 14

	6	+	8																				
8	+	6																					
1	4	−	8																				
1	4	−	6																				

5 Addiere und subtrahiere.

a) 5 + 9 + 4 = ☐☐
8 + 3 + 9 = ☐☐
7 + 6 + 7 = ☐☐
2 + 9 + 3 = ☐☐

b) 17 − 4 − 8 = ☐
19 − 6 − 9 = ☐
15 − 3 − 5 = ☐
16 − 8 − 8 = ☐

c) 13 + 5 + 2 = ☐☐
18 − 9 − 6 = ☐
12 + 3 + 4 = ☐☐
12 − 8 − 4 = ☐

1: Aufgabe und Tauschaufgabe zuordnen und lösen   2: Aufgabe und Tauschaufgabe lösen   3: Mit der
Umkehraufgabe überprüfen   4: Aufgabenfamilien bilden   5: Addieren und Subtrahieren mit drei Zahlen   **TÜ** 5–7

Die Zehnerzahlen bis 100

1 Schreibe die Zehnerzahlen in Geheimschrift.

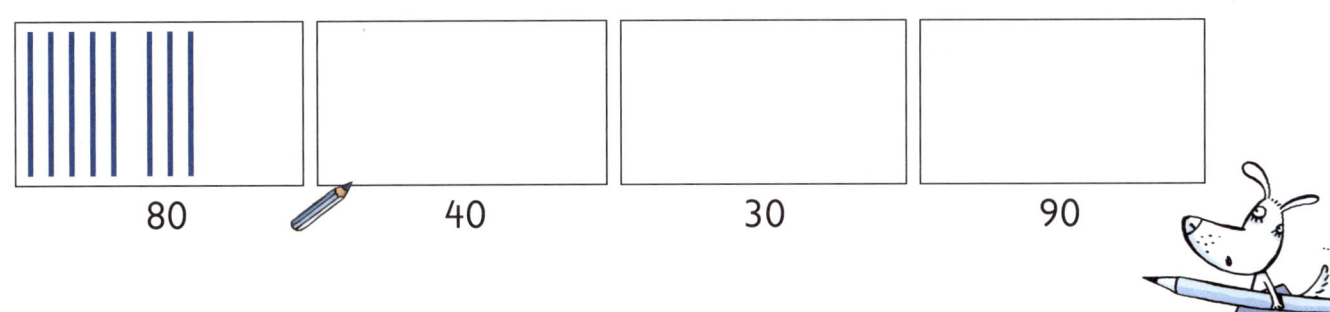

IIIIIIII			
80	40	30	90

2 Ergänze die fehlenden Zehnerzahlen.

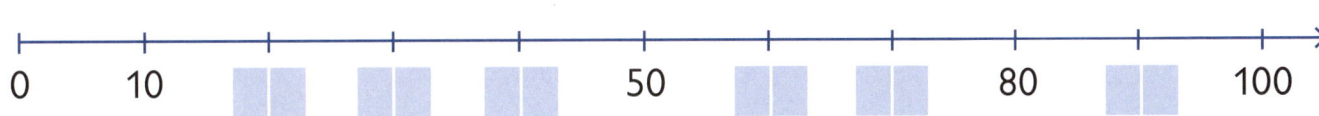

0   10   ▢▢   ▢▢   ▢▢   50   ▢▢   ▢▢   80   ▢▢   100

3 Schreibe alle Zehnerzahlen auf, die zwischen den Zahlen liegen.

a) 30 und 70 | 4 | 0, | | | | |

b) 40 und 90 | | | | | | |

c) 50 und 100 | | | | | | |

d) 20 und 80 | | | | | | |

4 Setze das richtige Zeichen: <, =, >.

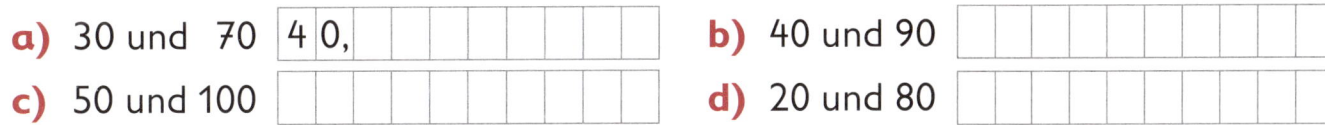

a) 5 ⬤ 7   **b)** 4 ⬤ 6   **c)** 5 ⬤ 3   **d)** 9 ⬤ 9   **e)** 7 ⬤ 6

   50 ⬤ 70   40 ⬤ 60   50 ⬤ 30   90 ⬤ 90   70 ⬤ 60

5 Wahr ⬤w oder falsch ⬤f ?

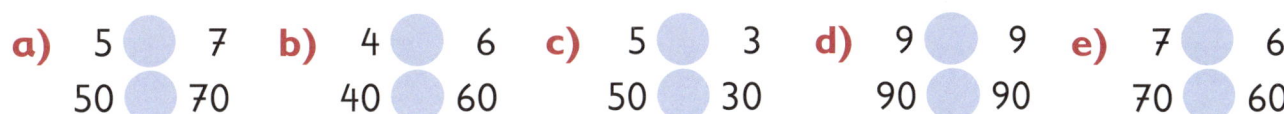

a) 70 < 90 ⬤w   **b)** 100 < 90 ⬤   **c)** 50 < 40 ⬤   **d)** 80 > 90 ⬤

   60 > 50 ⬤   40 = 14 ⬤   70 < 80 ⬤   50 < 60 ⬤

6 Ordne diese Zehnerzahlen.

a) Beginne mit der kleinsten Zahl.

| 3 | 0 | | | | | | | | | |

b) Beginne mit der größten Zahl.

| 1 | 0 | 0 | | | | | | | | |

1: Zehnerzahlen darstellen   2 und 3: Fehlende Zehnerzahlen eintragen   4: Relationszeichen setzen
5: Wahrheitsgehalt überprüfen   6: Zehnerzahlen ordnen

TÜ 8   7

Addieren und Subtrahieren mit Zehnerzahlen

1

| wenn 5 + 3 = 8 |
| dann 50 + 30 = 80 |

2 + 4 =

20 + 40 =

6 + 3 =

60 + 30 =

5 + 4 =

50 + 40 =

2 **a)** 20 + 70 =

40 + 50 =

70 + 10 =

60 + 30 =

b) 80 + 10 =

60 + 20 =

50 + 30 =

30 + 50 =

c) 50 + 40 =

20 + 60 =

40 + 30 =

20 + 50 =

3 **a)** 40 +   = 80

10 +   = 30

50 +   = 100

30 +   = 100

b) 60 +   = 100

70 +   = 90

40 +   = 70

30 +   = 80

c)   + 30 = 90

         + 50 = 60

         + 20 = 70

         + 10 = 100

4

| wenn 9 − 4 = 5 |
| dann 90 − 40 = 50 |

8 − 6 =

80 − 60 =

6 − 3 =

60 − 30 =

7 − 5 =

70 − 50 =

5 **a)** 80 − 30 =

100 − 50 =

70 − 60 =

30 − 20 =

b) 90 − 70 =

80 − 40 =

50 − 10 =

70 − 40 =

c) 60 − 20 =

80 − 50 =

100 − 60 =

90 − 80 =

6 **a)** 80 −   = 40

90 −   = 10

50 −   = 0

100 −   = 40

b) 90 −   = 60

60 −   = 20

70 −   = 40

80 −   = 10

c)   − 10 = 60

         − 40 = 40

         − 20 = 50

         − 80 = 10

7 **a)**

+	30	40	20	10
40				
50				

b)

−	10	30	20	50
60				
90				

1 bis 3: Addieren   4 bis 6: Subtrahieren   7: Tabellen ergänzen   **TÜ** 9–10

Alle Zahlen bis 100

1

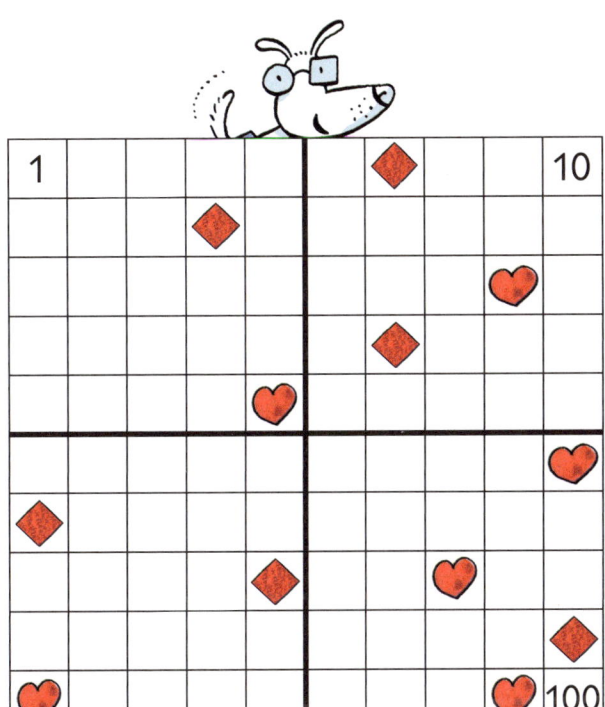

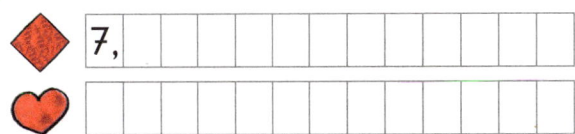

a) Schreibe die Zahlen auf für:

♦ | 7, | | | | | | | | | | | | | | |

♥ | | | | | | | | | | | | | | | |

b) Schreibe alle Zahlen mit dem Einer 6 auf.

6, | | 1 6, | | | | | | | | | | | | | |

| | | | | | | | | | | | | | | |

c) Schreibe alle Zahlen mit dem Zehner 8 auf.

8 0, | | | | | | | | | | |

| | | | | | | | | | | |

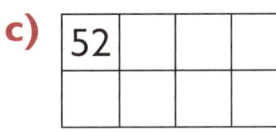

2 Wie heißen die fehlenden Zahlen?

a)

38		

b)

	47	

c)

52			

d)

69	

e)

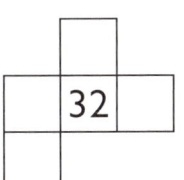

32

f)

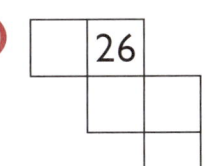

26

g)

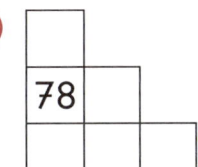

78

h)

83

3 Ergänze.

a)

Zahl	Z	E
68		
34		
51		
80		

b)

Zahl	Z	E
37		
	6	4
	5	0
74		

c)

Z	E	Zahl
4	3	
9	0	
3	7	
5	9	

d)

Z	E	Zahl
2	5	
		67
7	8	
		56

1 Welche Zahlen gehören zu den Ballons? Trage sie ein.

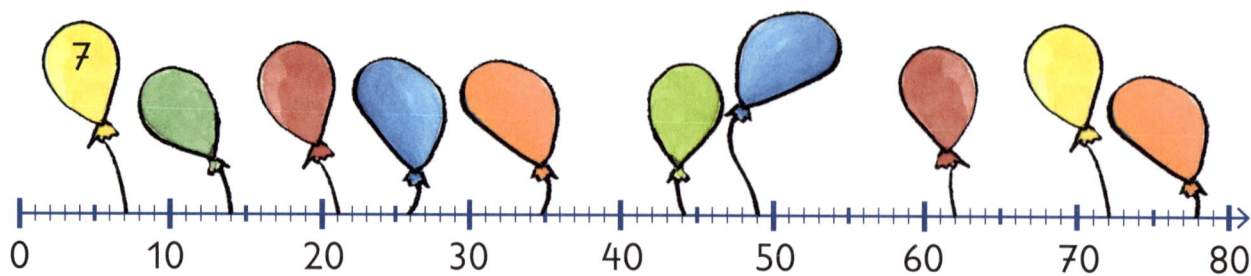

2 **a)**

V	Z	N
	36	
	29	
	70	
	99	

b)

V	Z	N
	89	
49		
		100
77		

c)

V	Z	N
37		
	56	
	35	
70		

d)

V	Z	N
43		
	90	
		73
	59	

3 Ergänze.

| 68 | | | 71 | |

| 28 | | 30 | |

| | | | 44 |

| | | 51 | | |

| | | 81 | |

| | | | 100 |

4 Größer oder kleiner? Setze das richtige Zeichen: , .

34 ◯ 43   46 ◯ 56   66 ◯ 71   99 ◯ 91   29 ◯ 19

52 ◯ 25   81 ◯ 71   39 ◯ 32   19 ◯ 21   19 ◯ 91

5 Ordne die Zahlen. Beginne

a) mit der kleinsten Zahl.

57   61   49   99   48

□ □ □ □ □ □ □

b) mit der größten Zahl.

37   73   28   82   74

□ □ □ □ □ □ □ □ □

1 und 3: Zahlen ermitteln   2: Tabellen ergänzen; Vorgänger, Nachfolger bzw. Zahl bestimmen
4: Zahlen vergleichen   5: Zahlen nach Vorschrift ordnen

TÜ 11–12

Geraden, die einander schneiden

1 Zeichne eine Gerade a, auf der die Punkte A und B liegen.
Zeichne eine Gerade c, auf der die Punkte C und D liegen.

2 Zeichne vier Geraden so durch die Punkte A, B, C und D,
dass ein Viereck entsteht.

3 Zeichne jeweils eine dritte Gerade.

a) Die drei Geraden sollen sich
nicht schneiden.

b) Die drei Geraden sollen sich in
einem Punkt schneiden.

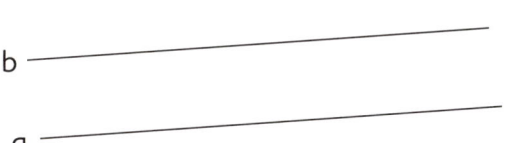

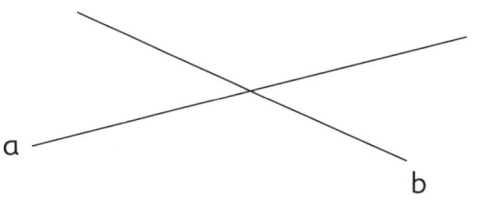

4 Verbinde drei Punkte so,
dass ein Dreieck entsteht.

5 Verbinde vier Punkte so,
dass ein Viereck entsteht.

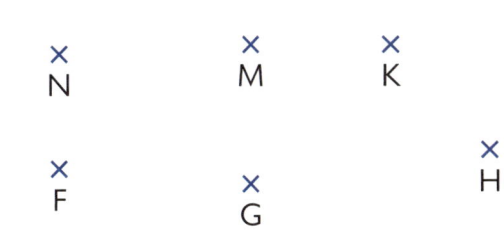

Geraden, die zueinander parallel sind

1 Zeichne parallele Geraden mit der gleichen Farbe nach.
Überprüfe mit dem Geodreieck.

a)

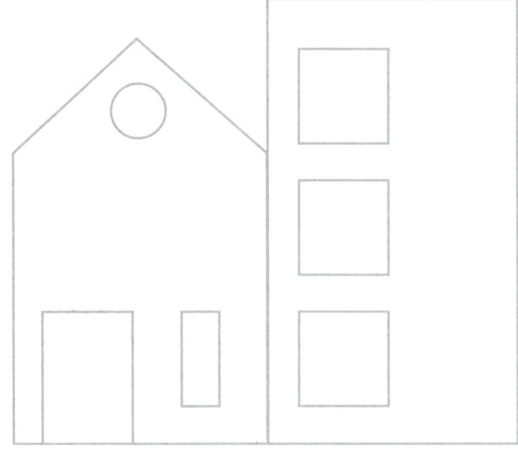

b)

2 Zeichne parallele Geraden.

a)

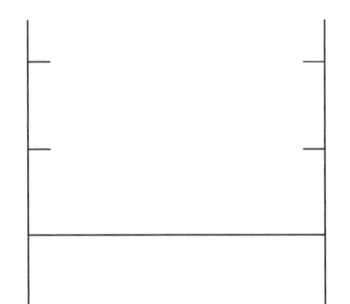

b)

c)

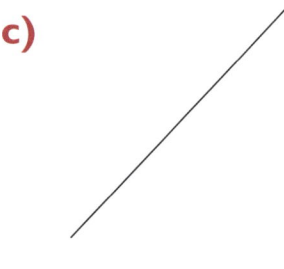

3 Zeichne die Muster mit dem Geodreieck weiter.

Geraden, die zueinander senkrecht sind

1 Zeichne die Geraden farbig nach, die zueinander senkrecht sind.
Prüfe vorher mit dem Geodreieck.

2 Zeichne die Mauer fertig. Lege das Geodreieck genau an.

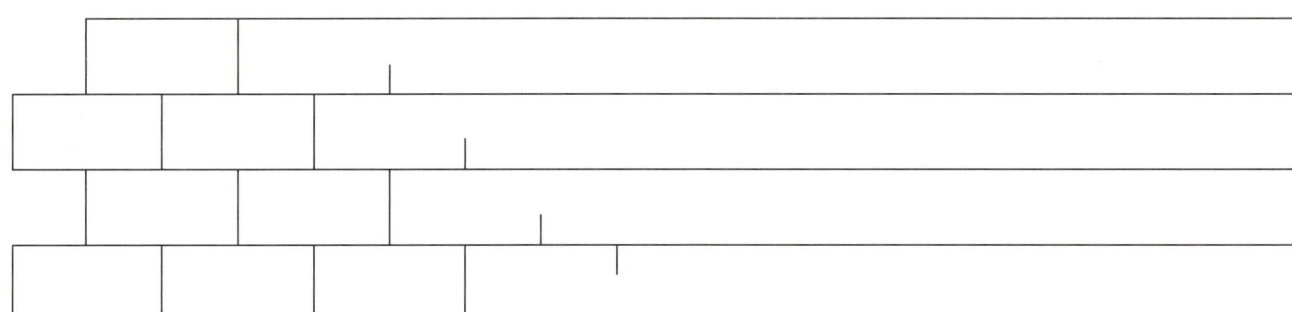

3 Zeichne Geraden senkrecht zur Geraden g, die durch die Punkte
verlaufen.

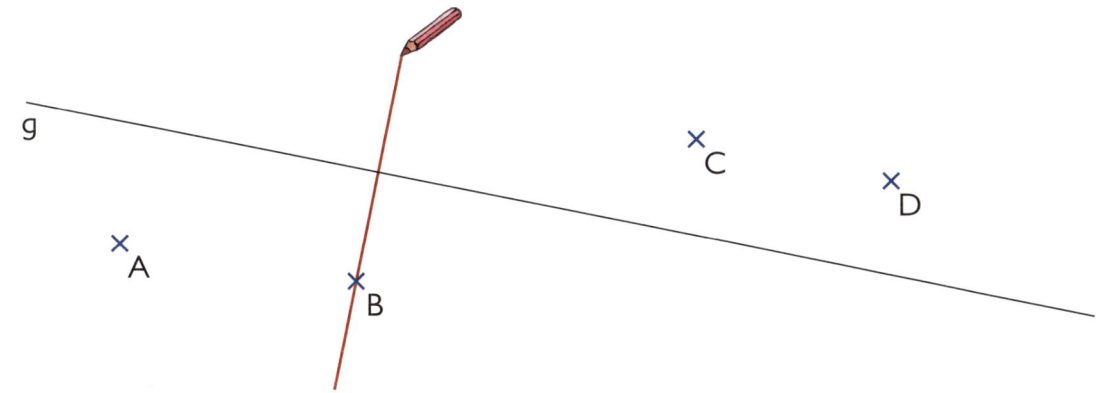

Addieren und Subtrahieren einstelliger Zahlen mit Zehnerzahlen

1 Welche Zahlen hat Max hier in Geheimschrift geschrieben?

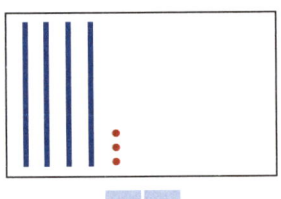 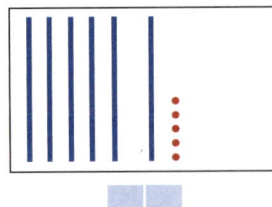 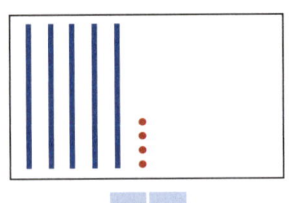 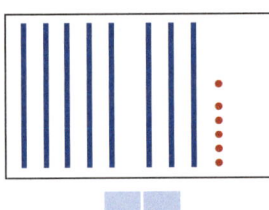

2 Schreibe selbst in Geheimschrift.

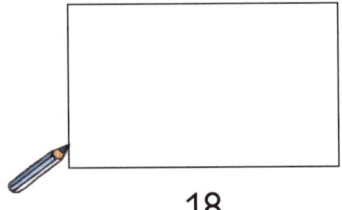  

18   41   60   57

3
a) 60 + 5 = ▢
40 + 9 = ▢
70 + 6 = ▢
80 + 7 = ▢

b) 30 + 2 = ▢
90 + 3 = ▢
50 + 4 = ▢
20 + 9 = ▢

c) 50 + ▢ = 57
20 + ▢ = 26
30 + ▢ = 39
60 + ▢ = 64

d) ▢ + 6 = 56
▢ + 4 = 94
▢ + 8 = 88
▢ + 5 = 75

> 4   6   7   9   29   32   49   50   54   65   70   76   80   87   90   93

4 Ergänze zum nächsten Zehner.

a) 55 + ▢ = 60
81 + ▢ = 90
64 + ▢ = ▢
45 + ▢ = ▢

b) 73 + ▢ = 80
32 + ▢ = ▢
67 + ▢ = ▢
21 + ▢ = ▢

c) 56 + ▢ = ▢
44 + ▢ = ▢
82 + ▢ = ▢
62 + ▢ = ▢

5 **a)**

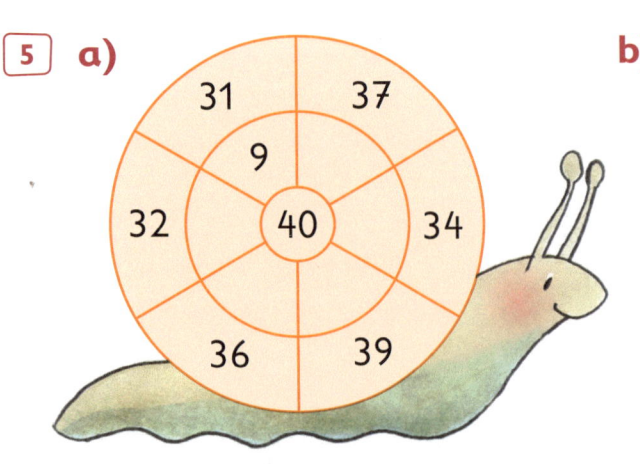

b)

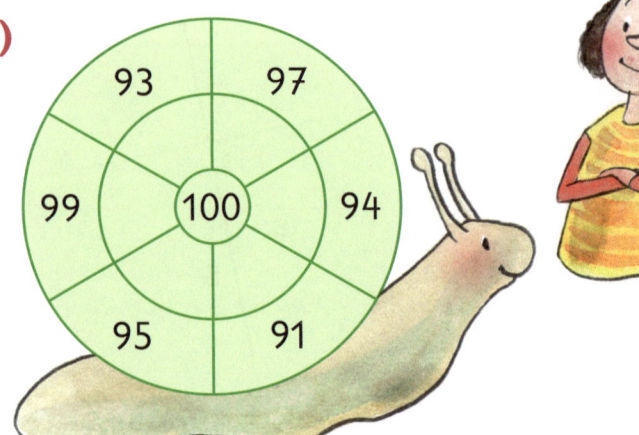

1 **a)** 40 − 5 = ☐☐ **b)** 50 − 1 = ☐☐ **c)** 40 − ☐ = 33 **d)** 20 − ☐ = 15
   40 − 4 = ☐☐   60 − 9 = ☐☐   80 − ☐ = 75   60 − ☐ = 51
   40 − 3 = ☐☐   90 − 6 = ☐☐   50 − ☐ = 44   30 − ☐ = 28
   40 − 2 = ☐☐   70 − 7 = ☐☐   30 − ☐ = 29   40 − ☐ = 36

> 1 2 4 5 5 6 7 9 35 36 37 38 49 51 63 84

2 Schreibe alle Zahlen als Summe aus Zehner und Einer.

64 = 60 + 4

a) 35 = 30 + 5 **b)** 29 = ☐ + ☐ **c)** 99 = ☐ + ☐
   78 = ☐ + ☐   44 = ☐ + ☐   51 = ☐ + ☐
   56 = ☐ + ☐   83 = ☐ + ☐   66 = ☐ + ☐
   91 = ☐ + ☐   72 = ☐ + ☐   39 = ☐ + ☐

3 Schreibe alle Zahlen als Differenz aus Zehner und Einer.

48 = 50 − 2

a) 37 = 40 − 3 **b)** 88 = ☐ − ☐ **c)** 52 = ☐ − ☐
   84 = ☐ − ☐   61 = ☐ − ☐   94 = ☐ − ☐
   43 = ☐ − ☐   77 = ☐ − ☐   69 = ☐ − ☐
   16 = ☐ − ☐   32 = ☐ − ☐   75 = ☐ − ☐

4

+	4	7	8	5
50				
80				

5

−	9	6	8	5
90				
70				

6 **a)** 40 —+6→ ☐☐   70 —+7→ ☐☐   90 —+2→ ☐☐   60 —+5→ ☐☐

b) 30 —−9→ ☐☐   100 —−5→ ☐☐   90 —−2→ ☐☐   30 —−3→ ☐☐

7 **a)** Berechne die Summe aus den Zahlen 60 und 7.

b) Berechne die Differenz aus den Zahlen 100 und 4.

Addieren einstelliger Zahlen zu zweistelligen Zahlen

1 Löse zuerst die bekannte Aufgabe.

a) 6 + 2 =   8
26 + 2 =
36 + 2 =
76 + 2 =

b) 3 + 5 =
33 + 5 =
43 + 5 =
83 + 5 =

c) 1 + 7 =
41 + 7 =
61 + 7 =
91 + 7 =

2 **a)** 55 + 3 =
31 + 7 =
46 + 2 =
87 + 2 =

b) 24 + 5 =
76 + 2 =
63 + 4 =
44 + 3 =

c) 34 + ☐ = 39
76 + ☐ = 78
63 + ☐ = 65
90 + ☐ = 99

2 2 5 9 29 38 47 48 58 67 78 89

3

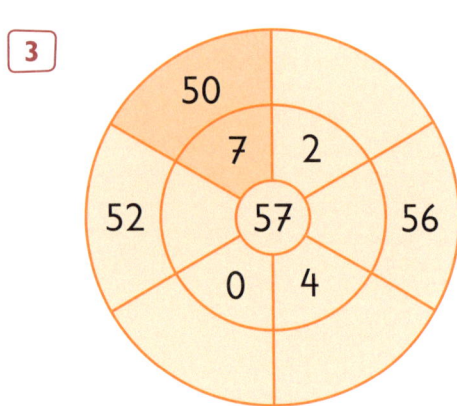

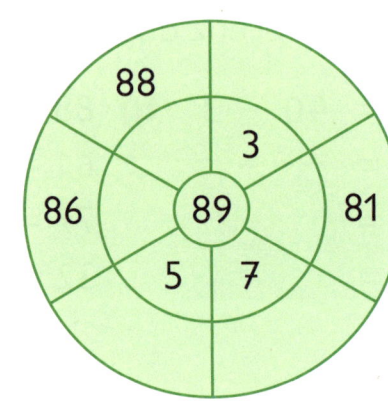

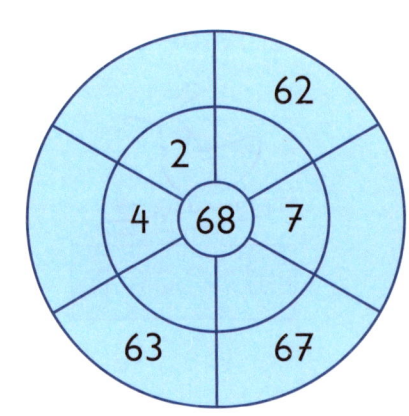

4

+	5	3	6	4
32				
83				

5

+	3	4	2	5
44				
62				

35 36 37 38
86 87 88 89

46 47 48 49
64 65 66 67

6

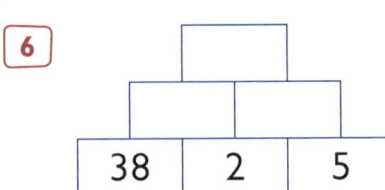

| 38 | 2 | 5 |

| 62 | 2 | 4 |

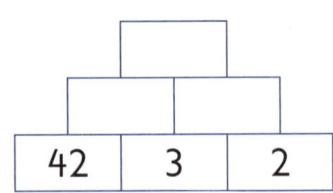

| 42 | 3 | 2 |

1: Addieren; bekannte Aufgabe nutzen   2: Addieren; Platzhalter bestimmen   3: Zahlen im Zahlenrad
ergänzen   4 und 5: Tabellen ergänzen   6: Rechenmauern lösen

Subtrahieren einstelliger Zahlen von zweistelligen Zahlen

1 Löse zuerst die bekannte Aufgabe.

a)
7 – 4 = 3
27 – 4 =
47 – 4 =
87 – 4 =

b)
8 – 6 =
38 – 6 =
68 – 6 =
98 – 6 =

c)
4 – 3 =
44 – 3 =
64 – 3 =
74 – 3 =

2

a)
47 – 6 =
93 – 2 =
64 – 3 =
78 – 4 =

b)
59 – 7 =
46 – 3 =
89 – 6 =
74 – 1 =

c)
83 – ☐ = 81
77 – ☐ = 75
36 – ☐ = 32
59 – ☐ = 53

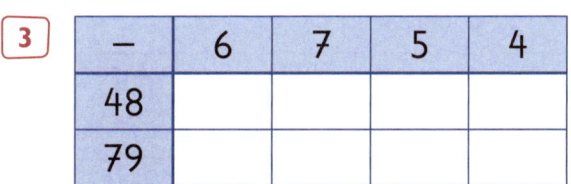

2 2 4 6 41 43 52 61 73 74 83 91

3

–	6	7	5	4
48				
79				

41 42 43 44 72 73 74 75

4

–	5	7	4	6
57				
98				

50 51 52 53 91 92 93 94

5 Bilde die Aufgabenfamilien.

a) 9 6 15
b) 6 7 13
c) 8 4 12

	9	+	6																					
6	+	9						
1	5	–	6					
1	5	–	9					

6

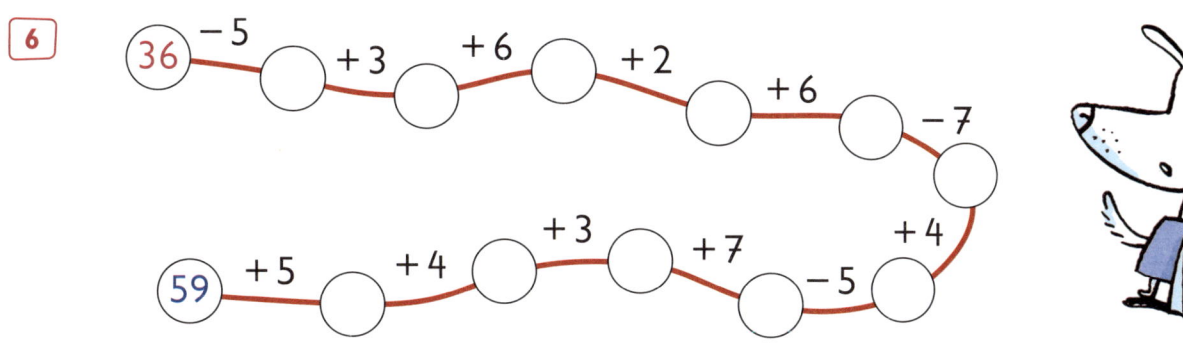

36 59

Addieren und Subtrahieren mit Zehnerübergang

1

Ich addiere.

Max

46 + 5
46 + 4 = 50
50 + 1 = 51
46 + 5 = 51

Lisa

62 − 5
62 − 2 = 60
60 − 3 = 57
62 − 5 = 57

Ich subtrahiere.

| 5 8 + 6 | 3 6 + 9 | 7 3 − 6 | 6 4 − 8 |

| 7 5 + 7 | 8 3 + 8 | 5 7 − 9 | 9 2 − 5 |

2 Rechne. Verbinde die Punkte in der Reihenfolge der Lösungen.

17 + 4 =

45 + 7 =

67 + 6 =

36 + 8 =

59 + 9 =

78 + 7 =

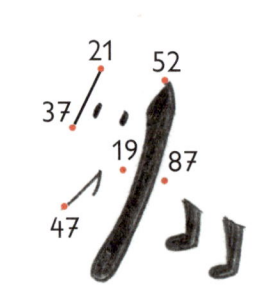
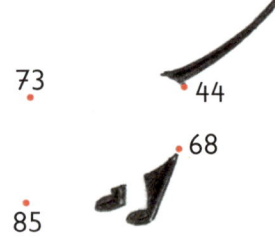
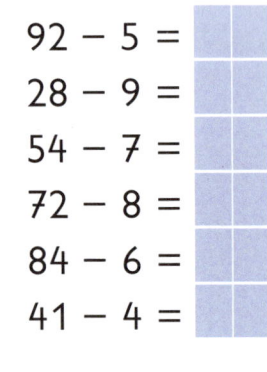

92 − 5 =

28 − 9 =

54 − 7 =

72 − 8 =

84 − 6 =

41 − 4 =

3

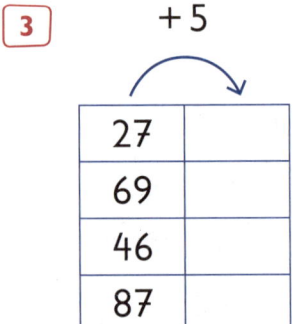

+5

27	
69	
46	
87	

+8

55	
	41
27	
	94

−7

44	
	89
75	
	26

−6

92	
	39
43	
	25

1 Bilde die Aufgabenfamilien.

a)    b)   c) 47 7 54

7	6	+		5																				
	5	+	7	6																				
8	1	−		5																				
8	1	−	7	6																				

2

+	4	3	5	7
37				
56				

40 41 42 44
59 60 61 63

3

−	2	4	7	6
74				
81				

67 68 70 72
74 75 77 79

4

28	5	2	

47	5	3

6	3	38

5 Nutze Rechenvorteile.

a) $61 + 6 + 9 =$
   $8 + 12 + 7 =$
   $2 + 1 + 88 =$
   $74 + 9 + 6 =$

b) $4 + 1 + 36 =$
   $53 + 9 + 7 =$
   $8 + 24 + 6 =$
   $7 + 6 + 43 =$

c) $92 − 5 − 2 =$
   $45 − 6 − 5 =$
   $36 − 6 − 4 =$
   $83 − 6 − 3 =$

6

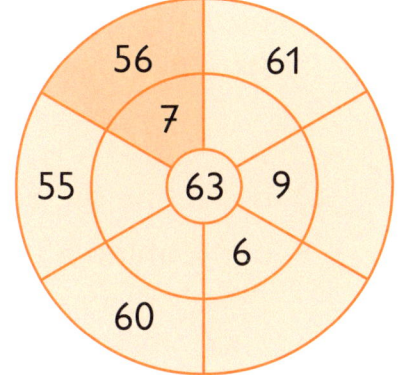

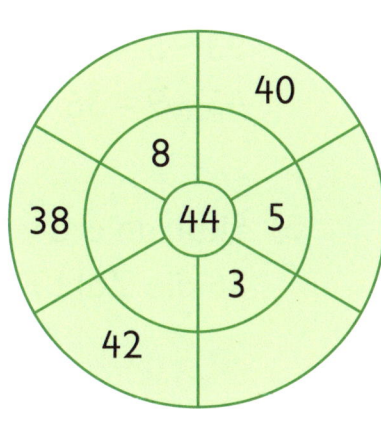

Rechenrad (blau): 86, 9, 5, 92, 7, 88, 84

1: Aufgabenfamilien bilden   2 und 3: Tabellen ergänzen   4: Rechenmauern lösen
5: Rechenvorteile nutzen   6: Addieren im Rechenrad

TÜ 24   19

1 **a)** 47 + 6 = ▯▯
35 + 9 = ▯▯
79 + 5 = ▯▯
84 + 7 = ▯▯

b) 84 − 6 = ▯▯
72 − 5 = ▯▯
48 − 9 = ▯▯
36 − 8 = ▯▯

c) 86 + 6 = ▯▯
55 + 9 = ▯▯
67 − 9 = ▯▯
92 − 5 = ▯▯

2 Finde Additions- und Subtraktionsaufgaben und schreibe sie auf.

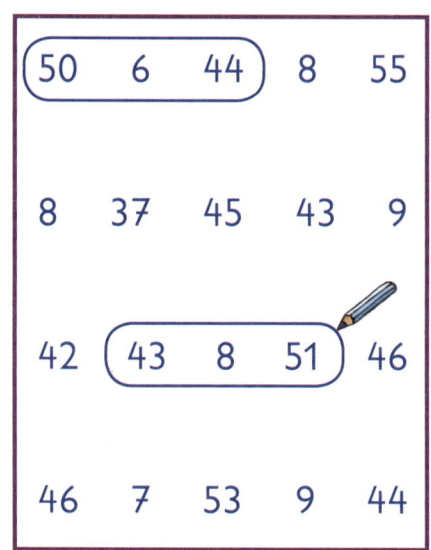

| 4 | 3 | + | 8 | = | 5 | 1 | | | 5 | 0 | − | 6 | = | 4 | 4 |

3 Setze die Zahlenfolgen fort.

| 2 | 8 | 14 | | | | | | | |

| 72 | 68 | 64 | | | | | | | |

4 Wahr Ⓦ oder falsch Ⓕ ? Schreibe die richtige Lösung dahinter.

a) 66 + 9 = 74 Ⓕ 7 5
45 + 7 = 52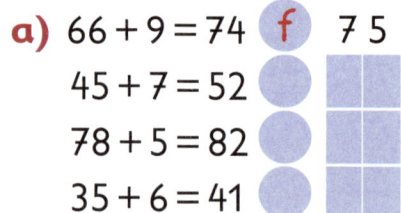
78 + 5 = 82
35 + 6 = 41

b) 82 − 4 = 78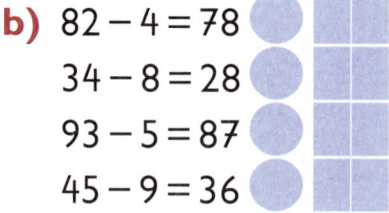
34 − 8 = 28
93 − 5 = 87
45 − 9 = 36

c) 39 + 8 = 48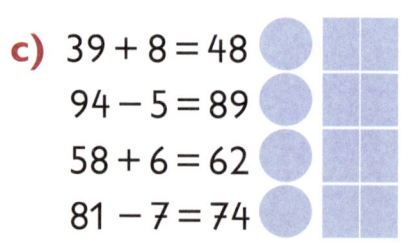
94 − 5 = 89
58 + 6 = 62
81 − 7 = 74

5 **a)** Addiere zur Zahl 67 die Zahl 8.

b) Subtrahiere von 56 die Zahl 7.

c) Berechne die Summe der Zahlen 89 und 9.

1: Addieren und Subtrahieren   2: Aufgaben finden und lösen   3: Zahlenfolgen fortsetzen
4: Lösungen auf wahr oder falsch prüfen und berichtigen   5: Inhalt erfassen, Aufgabe bilden und lösen

TÜ 24

Rechnen mit Geld

1 **a)** Wie viel Geld haben die Kinder?

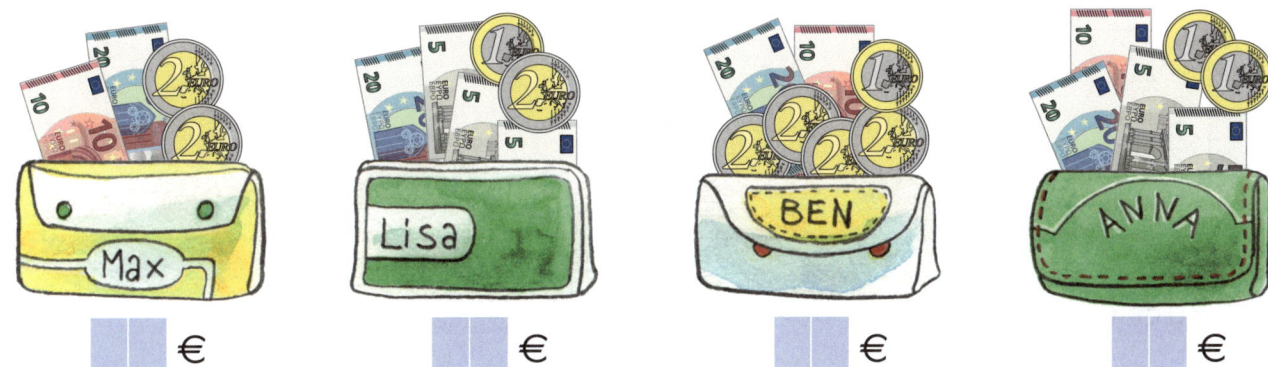

Max	Lisa	BEN	ANNA
☐☐ €	☐☐ €	☐☐ €	☐☐ €

b) Welches Kind hat das meiste Geld? _____

Welches Kind hat das wenigste Geld? _____

2 Wie viel Geld ist es? Schreibe auf.
Wechsle in möglichst wenige Münzen um. Zeichne.

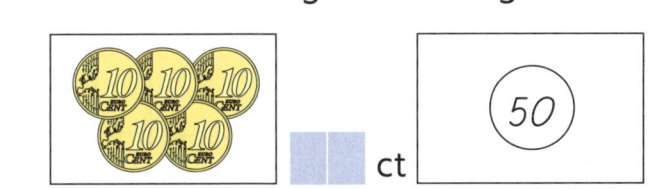 ☐☐ ct   ⟨50⟩

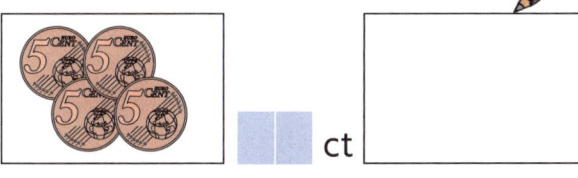 ☐☐ ct

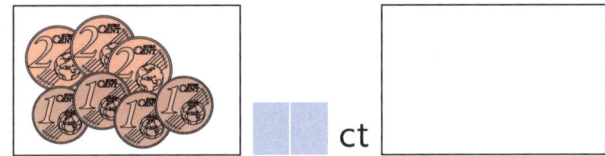 ☐☐ ct

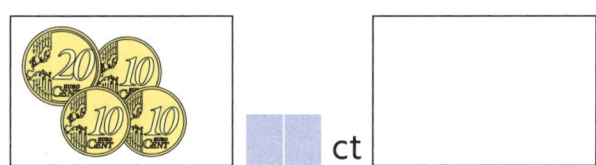 ☐☐ ct

3 Rechne.

a) 26 € + 4 € = ☐☐ €   37 € + 5 € = ☐☐ €

37 € + 5 € = ☐☐ €   28 € + 6 € = ☐☐ €

89 € + 4 € = ☐☐ €   49 € + 4 € = ☐☐ €

58 € + 6 € = ☐☐ €   50 € + 10 € = ☐☐ €

30 €	34 €
42 €	42 €
53 €	60 €
64 €	93 €

b) 80 ct − 5 ct = ☐☐ ct   57 ct − 7 ct = ☐☐ ct

75 ct − 9 ct = ☐☐ ct   70 ct − 8 ct = ☐☐ ct

82 ct − 2 ct = ☐☐ ct   93 ct − 9 ct = ☐☐ ct

53 ct − 4 ct = ☐☐ ct   52 ct − 4 ct = ☐☐ ct

48 ct	49 ct
50 ct	62 ct
66 ct	75 ct
80 ct	84 ct

1€ = 100 ct

1 Ergänze zu 1 Euro. Zeichne und rechne.

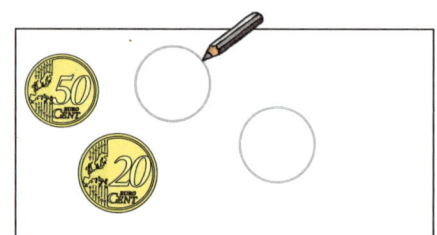

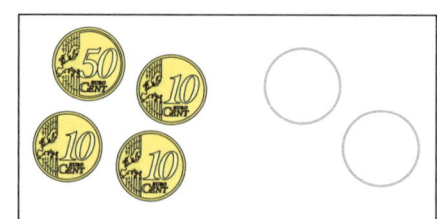

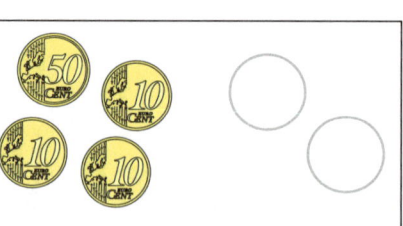

70 ct + ░░ ct = 1 €   ░░ ct + ░░ ct = ░ €   ░░ ct + ░ ct = ░ €

2 Trage die neuen Preise ein.

Sonderangebot
Alles 8 € billiger

25 €

16 €

17 €

43 €

3 Ben kauft sich ein T-Shirt und einen Ball.
Wie viel Geld muss er bezahlen?

Er muss _____ € bezahlen.

4 Anna kauft sich Turnschuhe und eine Hose.
Wie viel muss sie bezahlen?

Sie muss _____ € bezahlen.

5 Tom kauft sich einen Ball und eine Hose.
Wie viel muss er bezahlen?

Er muss _____ € bezahlen.

1: Geldbeträge zu 1 Euro ergänzen   2: Neue Preise errechnen und eintragen
3 bis 5: Inhalte erfassen, Aufgaben bilden und lösen

1 Anna kauft ein Spiel für 16 €.

Sie bezahlt mit:

Wie könnte sie noch bezahlen? Lege, zeichne und rechne.

2 Ergänze die Tabelle. Lege, zeichne und rechne.

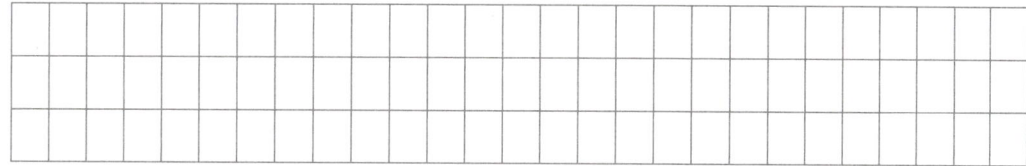

	50	20	10	5	2 €	1 €
38 €		1	1	1	1	1
89 €						
72 €						
46 €						
54 €						
37 €						

3 Welche Spiele haben sich die Kinder gekauft? Verbinde.

„Mein Spiel habe ich mit einem 50-€-Schein bezahlt und 8 € zurück bekommen." Maria

„Ich habe 40 € gegeben und 3 € zurückbekommen" Max

„Mein Spiel habe ich mit drei 5-€-Scheinen bezahlt." Anna

„Ich habe mit einem 20-€-Schein und einem 5-€-Schein bezahlt." Ben

1: Geldbeträge legen, zeichnen und berechnen   2: Geldbeträge legen, zeichnen und in die Tabelle eintragen   3: Aussagen durchdenken; Beträge berechnen und zuordnen

23

Dreiecke und Vierecke

1 Welche Figuren erkennst du? Zähle.

Figur	Anzahl
Dreieck	

2 **a)** Verbinde jeweils 3 Punkte so, dass Dreiecke entstehen.

b) Verbinde jeweils 4 Punkte so, dass Vierecke entstehen.

F
×
      E
      ×

×   ×
A   B
     ×
     C

H   G
×   ×   F   E
         ×   ×

×   ×   ×   C   D
D   A   B

3 Zeichne das Dreieck ABC. Miss die Länge der Seiten.

C
×

×
A   ×B

Seite	$\overline{AB}$	$\overline{BC}$	$\overline{CA}$
Länge	3 cm		

4 Zeichne das Viereck DEFG. Miss die Länge der Seiten.

G   F
×   ×

D   E
×   ×

Seite	$\overline{DE}$	$\overline{EF}$	$\overline{FG}$	$\overline{GD}$
Länge	7 cm			

1: Dreiecke, Vierecke und Kreise erkennen; Anzahl bestimmen   2: Dreiecke und Vierecke zeichnen
3 und 4: Dreiecke und Vierecke zeichnen; Längen messen und eintragen

1 Lege wie Max mit Stäbchen Dreiecke.
Trage in die Tabelle ein, wie viele Stäbchen du benötigst.

Anzahl der Dreiecke	1	2	3	4	5	6	7	8	9	10
Anzahl der Stäbchen	3									

2 Wie viele Dreiecke findest du? Zeichne die Dreiecke nach.

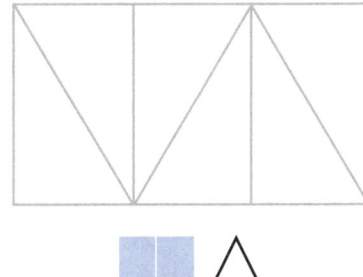

3 Wie viele Vierecke findest du? Zeichne die Vierecke nach.

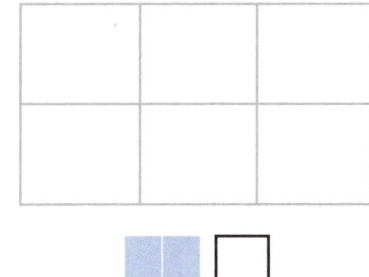

Tipp!
Beginne mit der kleinsten oder mit der größten Figur.

4 Immer zwei Figuren gehören zusammen, damit ein Dreieck oder ein Viereck entsteht.
Färbe die zusammengehörenden Teile mit gleichen Farben.

Dreiecke

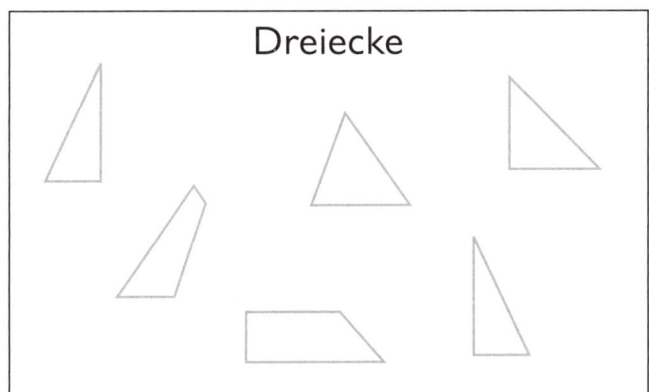

Vierecke

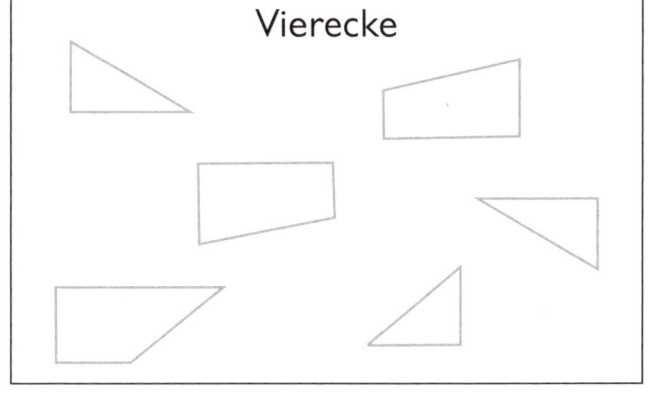

Rechtecke und Quadrate

1 **a)** Verbinde jeweils 4 Punkte so, dass Rechtecke entstehen.

b) Verbinde jeweils 4 Punkte so, dass Quadrate entstehen.

2 Zeichne die Figuren fertig, so dass

a) Rechtecke entstehen,

b) Quadrate entstehen.

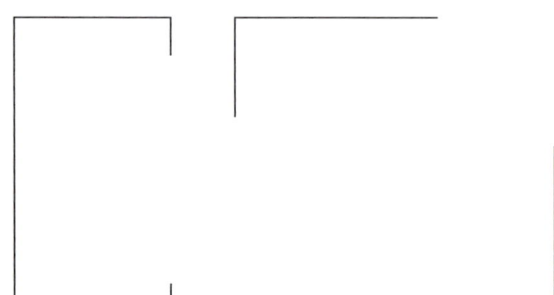

3 Ergänze die Figuren.

a) Zeichne das Rechteck ABCD.

b) Zeichne das Quadrat IKLM.

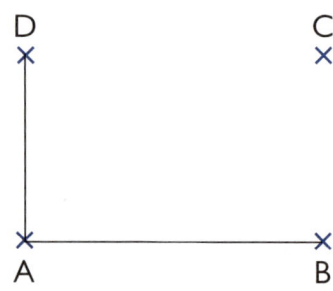
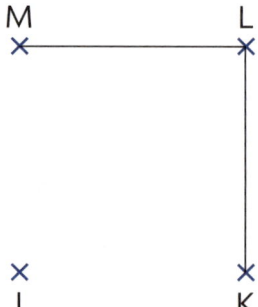

4 Wie viele Quadrate benötigst du, um jede Figur auszulegen? Zeichne sie ein.

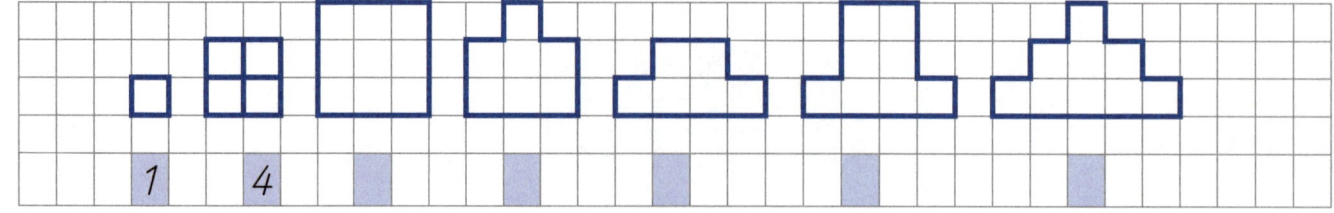

Muster zeichnen

Zeichne die Muster weiter.

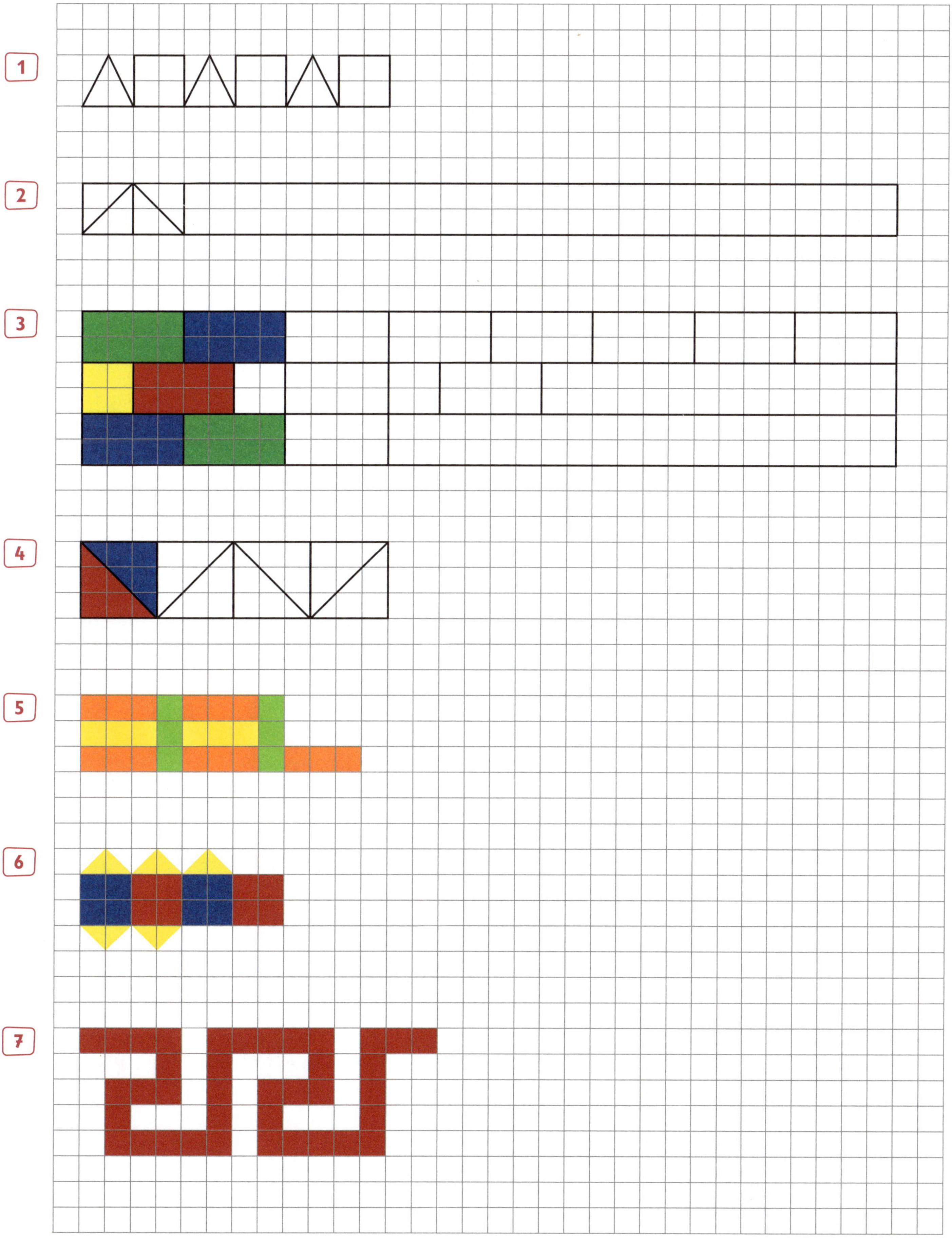

1

2

3

4

5

6

7

Zentimeter

1 Schätze zuerst. Miss genau nach.

	geschätzt	gemessen	Differenz zwischen geschätzt und gemessen
Länge des Mathebuches	▢▢ cm	▢▢ cm	▢▢ cm – ▢▢ cm = ▢▢ cm
Breite des Mathebuches			
Länge der Federtasche			
Breite der Federtasche			
Höhe der Schultasche			
Breite der Schultasche			

2 Schätze und miss die Länge von Strecken an der Kirche.
Trage die Ergebnisse in die Tabelle ein.

Strecke	geschätzt	gemessen
$\overline{AB}$	▢ cm	▢ cm
$\overline{BC}$	▢ cm	▢ cm
$\overline{AH}$		
$\overline{HG}$		
$\overline{IJ}$		
$\overline{IL}$		

3 Verändere die Streckenlängen.

a) Verdopple.

A ⸺⸺⸺⸺ B

b) Halbiere.

C ⸺⸺⸺⸺⸺⸺⸺⸺ D

	alte Länge	neue Länge
a)		
b)		

1 und 2: Schätzen und Messen   3: Strecken messen und nach Vorgabe verändern;
Längen in die Tabelle eintragen

Messen, Zeichnen und Vergleichen von Strecken

1 **a)** Zeichne die Strecken.

$\overline{AB}$ = 6 cm $\overline{CD}$ = 65 mm

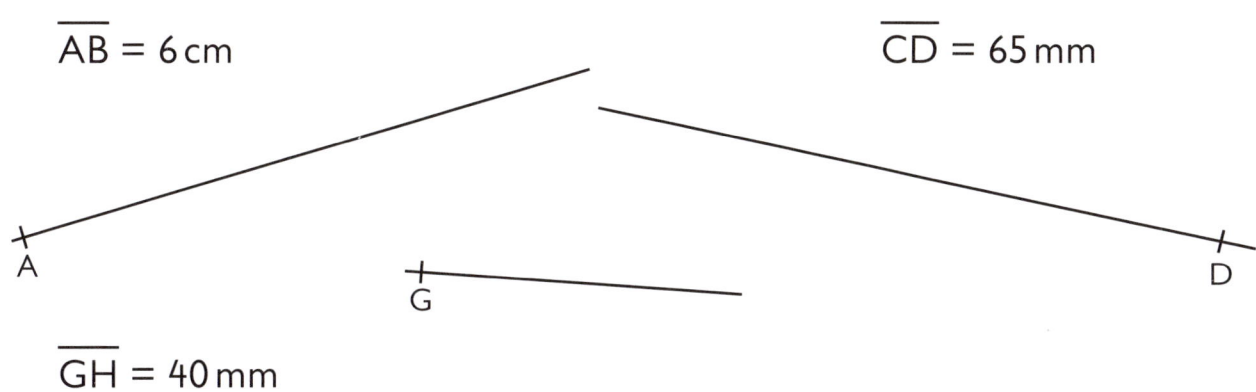

$\overline{GH}$ = 40 mm

b) Vergleiche die Länge der Strecken.

$\overline{AB}$ ist _____ $\overline{CD}$. $\overline{AB}$ ist _____ $\overline{GH}$.

2 Zeichne die Strecken.

$\overline{AB}$ = 5 cm

$\overline{CD}$ = 72 mm

3 Welches Auto fährt die längere Strecke? Schätze zuerst.

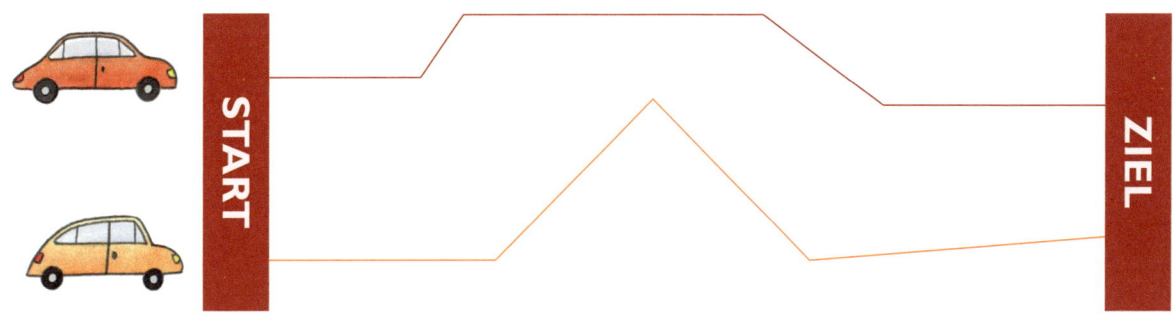

Auto	![Auto]	![Auto]
Strecke	☐ cm = ☐☐☐ mm	☐ cm = ☐☐☐ mm

Antwort: _____

Addieren und Subtrahieren zweistelliger Zahlen mit Zehnerzahlen

1 Lege, zeichne und rechne.

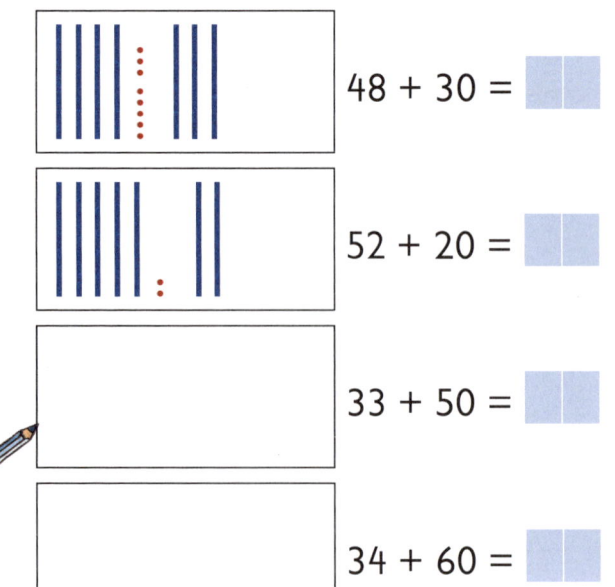

48 + 30 = ▢▢

52 + 20 = ▢▢

33 + 50 = ▢▢

34 + 60 = ▢▢

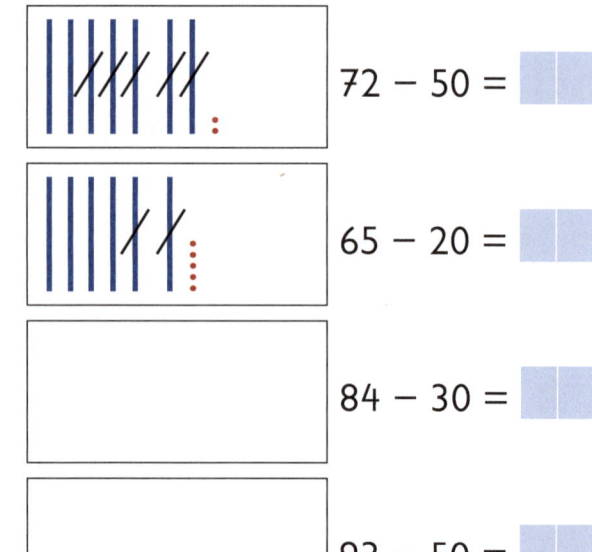

72 − 50 = ▢▢

65 − 20 = ▢▢

84 − 30 = ▢▢

93 − 50 = ▢▢

2 Schreibe auf, wie du rechnest.

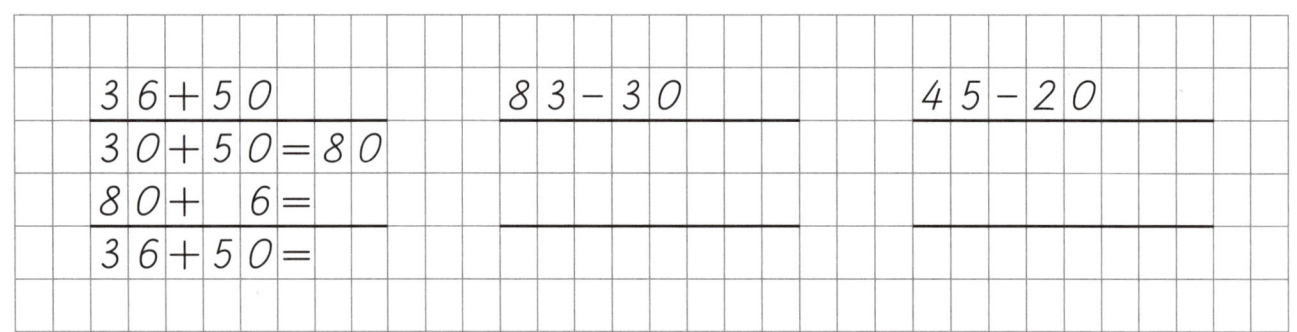

```
3 6 + 5 0
3 0 + 5 0 = 8 0
8 0 +    6 =
3 6 + 5 0 =
```

```
8 3 − 3 0
```

```
4 5 − 2 0
```

3 **a)** 26 + 20 = ▢▢
44 + 30 = ▢▢
12 + 70 = ▢▢
31 + 60 = ▢▢

b) 49 + 40 = ▢▢
26 + 50 = ▢▢
31 + 60 = ▢▢
77 + 20 = ▢▢

c) 22 + 50 = ▢▢
53 + 30 = ▢▢
64 + 20 = ▢▢
25 + 40 = ▢▢

4 **a)** 66 − 40 = ▢▢
82 − 50 = ▢▢
33 − 20 = ▢▢
49 − 30 = ▢▢

b) 83 − 40 = ▢▢
91 − 50 = ▢▢
78 − 60 = ▢▢
29 − 20 = ▢

c) 51 − 20 = ▢▢
67 − 30 = ▢▢
84 − 60 = ▢▢
75 − 10 = ▢▢

1: Additions- und Subtraktionsaufgaben legen, zeichnen und rechnen
2: Ausführlichen Rechenweg notieren   3 und 4: Additions- und Subtraktionsaufgaben lösen

Addieren und Subtrahieren ohne Zehnerübergang

1 Lege, zeichne und rechne.

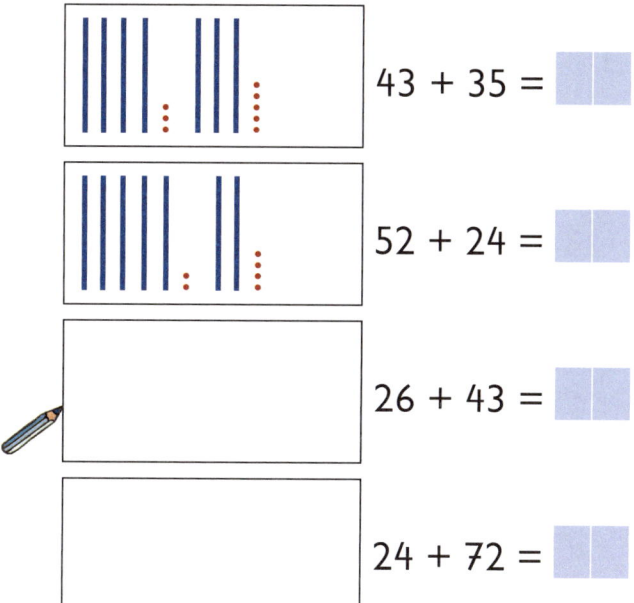

$43 + 35 = $ ☐☐

$52 + 24 = $ ☐☐

$26 + 43 = $ ☐☐

$24 + 72 = $ ☐☐

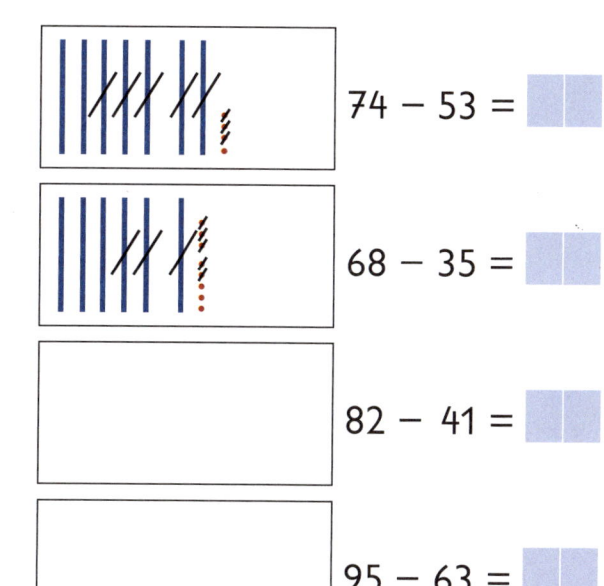

$74 - 53 = $ ☐☐

$68 - 35 = $ ☐☐

$82 - 41 = $ ☐☐

$95 - 63 = $ ☐☐

2 Schreibe auf, wie du rechnest.

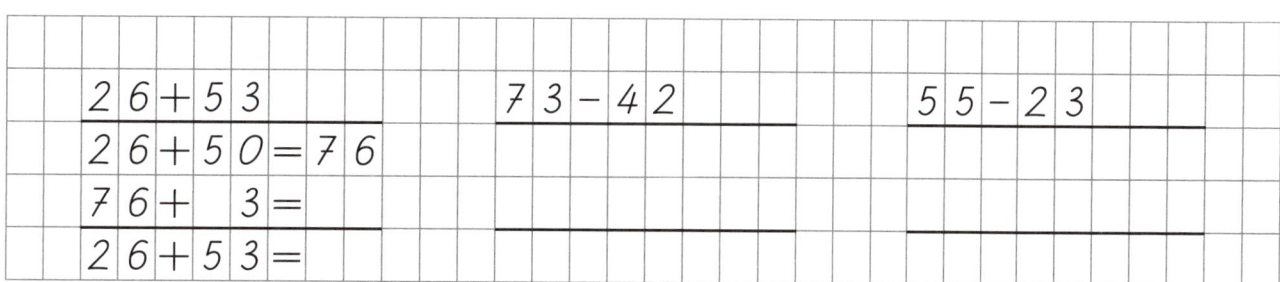

```
2 6 + 5 3
2 6 + 5 0 = 7 6
7 6 +    3 =
2 6 + 5 3 =
```

```
7 3 - 4 2
```

```
5 5 - 2 3
```

3 a) $26 + 43 = $ ☐☐

$54 + 32 = $ ☐☐

$38 + 21 = $ ☐☐

$23 + 54 = $ ☐☐

b) $67 - 45 = $ ☐☐

$72 - 51 = $ ☐☐

$84 - 32 = $ ☐☐

$95 - 62 = $ ☐☐

c) $31 + 46 = $ ☐☐

$83 - 52 = $ ☐☐

$97 - 36 = $ ☐☐

$36 + 43 = $ ☐☐

Rechne weiter.

4 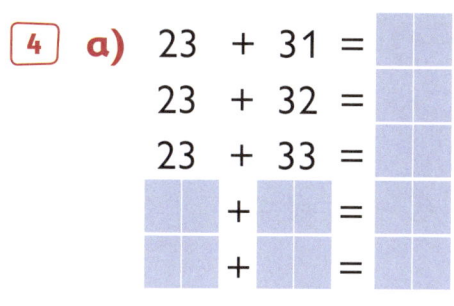 a) $23 + 31 = $ ☐☐

$23 + 32 = $ ☐☐

$23 + 33 = $ ☐☐

☐ + ☐ = ☐☐

☐ + ☐ = ☐☐

b) $97 - 55 = $ ☐☐

$97 - 54 = $ ☐☐

$97 - 53 = $ ☐☐

☐ - ☐ = ☐☐

☐ - ☐ = ☐☐

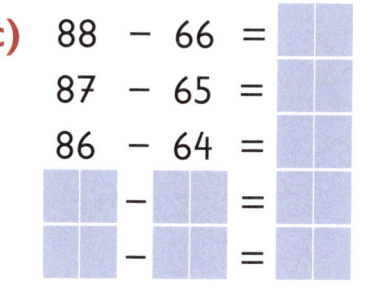 c) $88 - 66 = $ ☐☐

$87 - 65 = $ ☐☐

$86 - 64 = $ ☐☐

☐ - ☐ = ☐☐

☐ - ☐ = ☐☐

1 Rechne und male an.

| 21 + 36 | 78 − 21 | 78 − 33 | 12 + 33 | 70 − 13 |

55 − 32

23 **45** **57** **66**

| 88 − 65 |

| 11 + 12 | 74 − 51 | 34 + 23 | 32 + 13 | 99 − 33 |

2

+	64	52	23	41	54
23					
35					

46 58 64 75 76 77 87 87 89 99

3

−	63	54	36	45	25
97					
68					

5 14 23 32 34 43 43 52 61 72

4 Addiere immer 15.

5, 20, ▊▊ , ▊▊ , ▊▊ , ▊▊ , 95

5 Subtrahiere immer 12.

80, 68, ▊▊ , ▊▊ , ▊▊ , ▊▊ , 8

6 Löse und prüfe mit der Umkehraufgabe.

36 + 23 = ▊▊
59 − ▊▊ = ▊▊

66 + 32 = ▊▊
▊▊ − ▊▊ = ▊▊

21 + 57 = ▊▊
▊▊ − ▊▊ = ▊▊

53 − 31 = ▊▊
22 + ▊▊ = ▊▊

76 − 43 = ▊▊
▊▊ + ▊▊ = ▊▊

98 − 62 = ▊▊
▊▊ + ▊▊ = ▊▊

7 Wie viel kostet es zusammen?

11 €   2 €

▊▊ € + ▊ € = ▊▊ €

Antwort: _____

8 Wie viel kostet alles zusammen?

3 €   12 €   2 €

12 € + ▊ € + ▊ € = ▊▊ €

Antwort: _____

1: Aufgaben lösen und zuordnen   2 und 3: Tabellen ergänzen   4 und 5: Zahlenfolgen ergänzen   6: Aufgabe und
Umkehraufgabe lösen   7 und 8: Gleichungen zu den Sachverhalten notieren und Antwortsatz aufschreiben   **TÜ** 31−33

Quader, Würfel und Kugel

1 **a)** Schreibe die Namen der Körper auf.

b) Ordne die Eigenschaften den passenden Körpern zu.

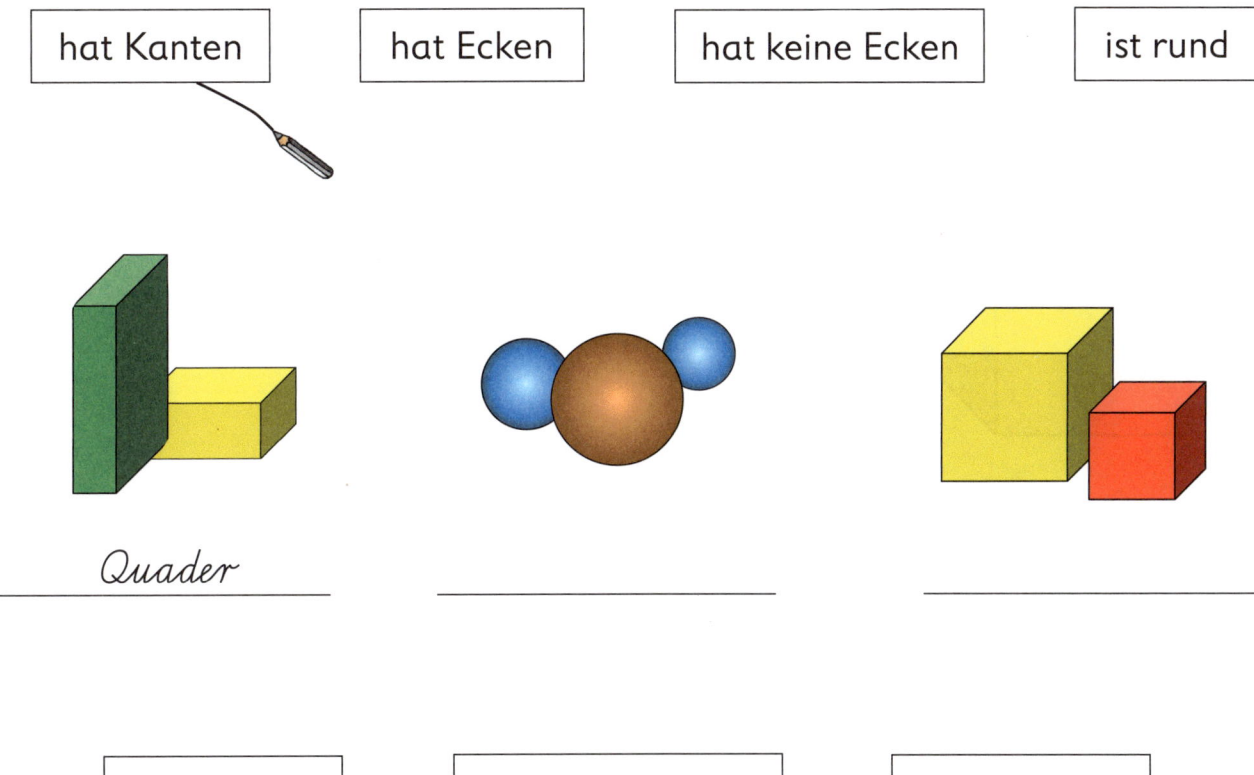

| hat Kanten | hat Ecken | hat keine Ecken | ist rund |

Quader

_____   _____   _____

| kann rollen | kann nicht rollen | kann kippen |

2 Falsch oder richtig? Kreuze an.

	richtig	falsch
Ein Würfel hat 6 Flächen.	○	○
Ein Quader hat 12 Kanten.	○	○
Eine Kugel hat keine Ecken.	○	○
Ein Quader hat 8 Flächen.	○	○
Ein Würfel hat 10 Kanten.	○	○
Eine Kugel kann rollen.	○	○
Ein Würfel hat 8 Ecken.	○	○

1: Namen der Körper aufschreiben; Eigenschaften den Körpern zuordnen
2: Richtigkeit von Eigenschaften bei Körpern überprüfen

TÜ 34   33

1 Ordne die Begriffe zu. Schreibe sie an die richtige Stelle.

| Würfel | Quader | Ecke | Fläche | Kante |

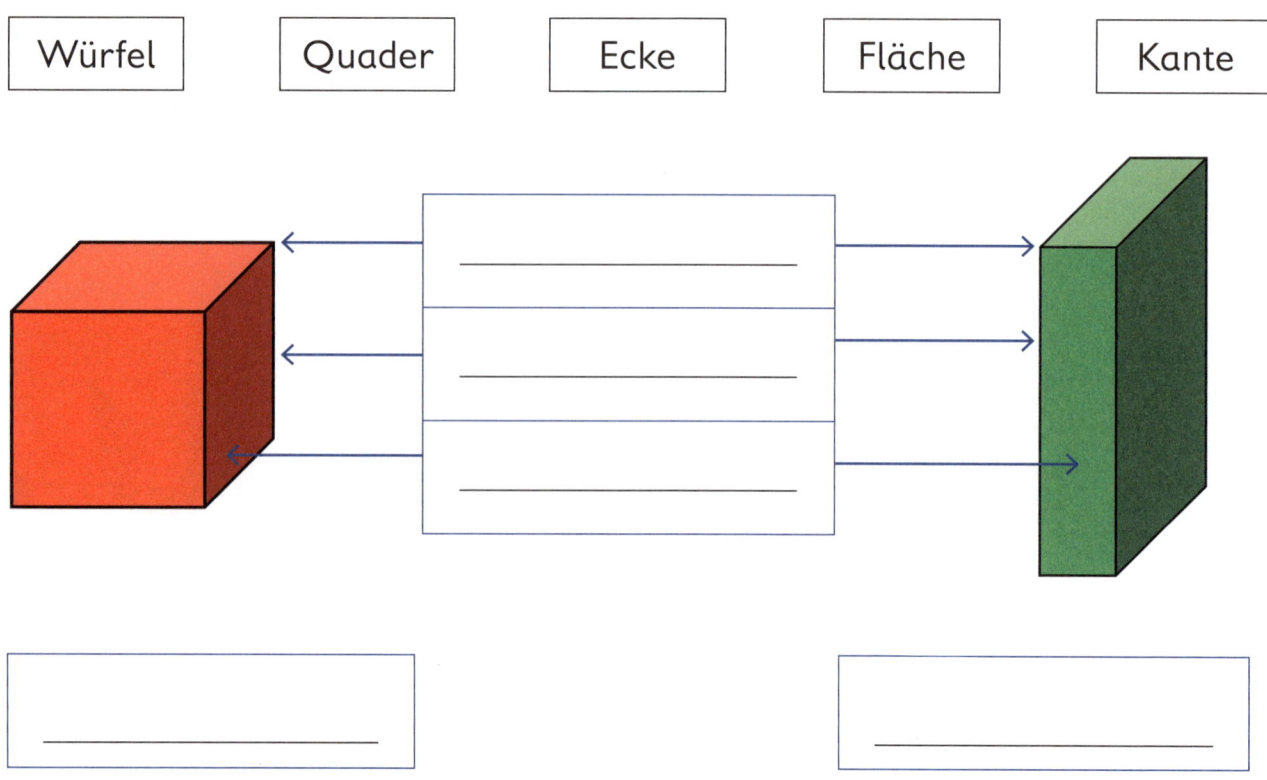

_____

_____

_____

_____

_____

2 Vervollständige.

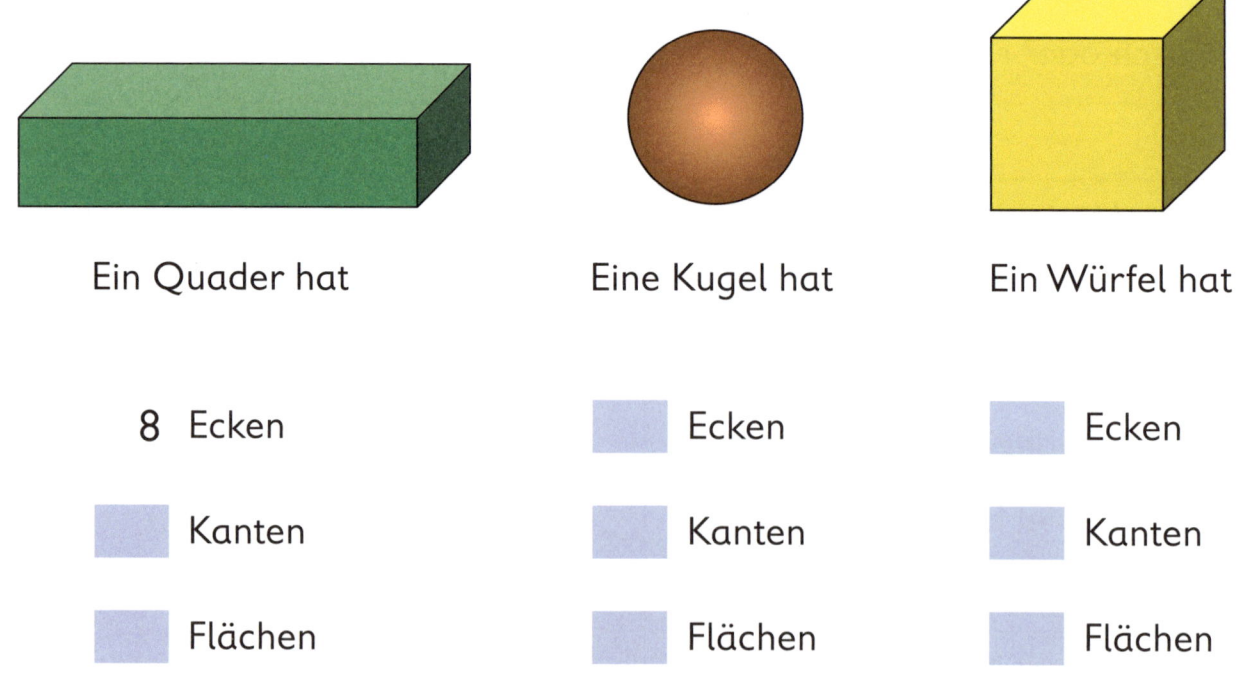

Ein Quader hat   Eine Kugel hat   Ein Würfel hat

8 Ecken   Ecken   Ecken

Kanten   Kanten   Kanten

Flächen   Flächen   Flächen

Bauen mit Würfeln

 A

 B

 C

 D

 E

 F

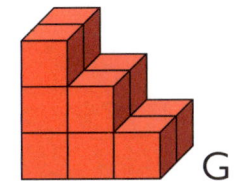 G

 H

 I

a) Wie viele Würfel sind es?
Baue die Würfelbauten nach.

Würfelbauten	A	B	C	D	E	F	G	H	I
Anzahl der Würfel									

b) Welche Würfelbauten sind Quader? _____

2 Welcher Bauplan passt zu welchem Würfelbau?

3	1	3
2	1	2

2	3	2
2	2	2

1	2	3
1	2	3

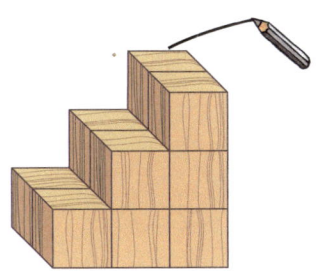

Addieren zweistelliger Zahlen mit Zehnerübergang

1 Lege, zeichne und rechne.

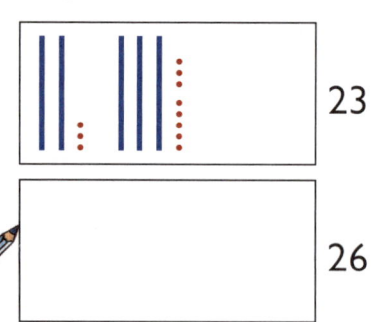

23 + 38 = ☐☐

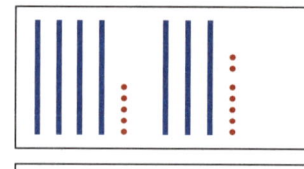

45 + 37 = ☐☐

26 + 27 = ☐☐

58 + 35 = ☐☐

2 Schreibe auf, wie du rechnest.

4 4 + 2 8	5 5 + 2 7	2 8 + 3 5
4 4 + 2 0 = 6 4		
6 4 + ⎵ 8 =		
4 4 + 2 8 =		

3 6 + 5 7	4 3 + 3 8	6 8 + 2 4

3 Rechne.

a) 33 + 28 = ☐☐
44 + 37 = ☐☐
28 + 35 = ☐☐
67 + 26 = ☐☐

b) 54 + 28 = ☐☐
36 + 49 = ☐☐
22 + 69 = ☐☐
47 + 25 = ☐☐

c) 78 + 16 = ☐☐
35 + 37 = ☐☐
49 + 25 = ☐☐
38 + 45 = ☐☐

4 Wahr ⓦ oder falsch ⓕ ? Kreuze an.

a) Die Summe von
36 und 37 ist 73. ⓦ ⓕ

b) Das Doppelte
von 47 ist 95. ⓦ ⓕ

5 Die Summanden heißen 26 und 49.

Berechne die Summe. ☐☐☐☐☐☐☐☐☐☐

36

1: Additionsaufgaben legen, zeichnen und rechnen   2: Ausführlichen Rechenweg notieren
3: Aufgaben lösen   4: Wahrheitsgehalt prüfen   5: Gleichung aufschreiben

TÜ 35

Subtrahieren zweistelliger Zahlen mit Zehnerübergang

1 Lege, zeichne und rechne.

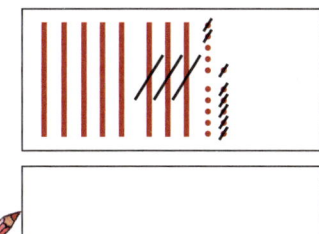   96 − 38 = ▢▢

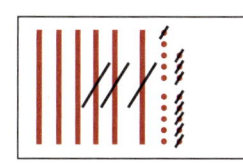   78 − 39 = ▢▢

81 − 45 = ▢▢

65 − 28 = ▢▢

2 Schreibe auf, wie du rechnest.

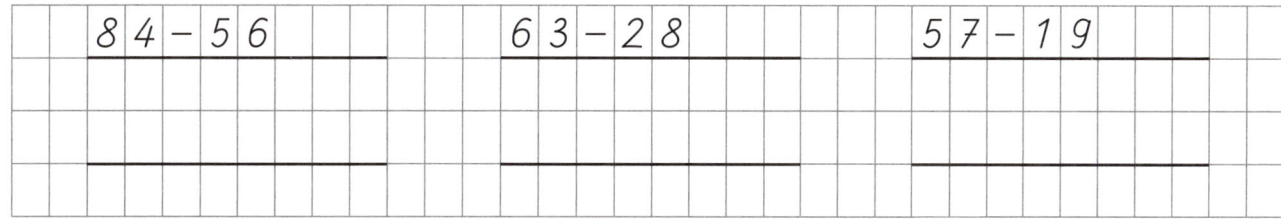

7 2 − 3 8
7 2 − 3 0 = 4 2
4 2 − 8 =
7 2 − 3 8 =

8 1 − 4 7

9 3 − 5 4

8 4 − 5 6

6 3 − 2 8

5 7 − 1 9

3 Rechne.

a) 84 − 47 = ▢▢
76 − 27 = ▢▢
97 − 28 = ▢▢
55 − 36 = ▢▢

b) 93 − 56 = ▢▢
46 − 28 = ▢▢
91 − 53 = ▢▢
75 − 38 = ▢▢

c) 44 − 18 = ▢▢
63 − 17 = ▢▢
82 − 46 = ▢▢
64 − 27 = ▢▢

4 **a)** 36 cm − 17 cm = ▢▢ cm
68 cm − 29 cm = ▢▢ cm
72 cm − 25 cm = ▢▢ cm
55 cm − 17 cm = ▢▢ cm

b) 44 m − 28 m = ▢▢ m
83 m − 46 m = ▢▢ m
78 m − 29 m = ▢▢ m
61 m − 35 m = ▢▢ m

5 Der Minuend ist 83 und der Subtrahend 36.

Berechne die Differenz.

Addieren und Subtrahieren mit Zehnerübergang

1 Immer drei Aufgaben haben das gleiche Ergebnis.
Färbe sie mit der gleichen Farbe.

93 − 58   36 + 25   29 + 35   83 − 19

17 + 18   92 − 31   72 − 37   44 + 17

87 − 28   19 + 40   91 − 27   83 − 24

2 Rechne vorteilhaft.

a) 38 + 29 =
57 + 39 =
26 + 49 =
17 + 59 =

b) 76 − 59 =
83 − 49 =
54 − 19 =
97 − 39 =

c) 45 + 19 =
61 − 29 =
36 + 29 =
44 − 19 =

3 Setze das richtige Zeichen: , , .

a) 24 + 38 ⬤ 62
75 − 36 ⬤ 37
36 + 48 ⬤ 94
81 − 27 ⬤ 57

b) 44 + 27 ⬤ 77
91 − 36 ⬤ 62
34 + 37 ⬤ 71
29 + 43 ⬤ 88

c) 25 + 53 ⬤ 76
92 − 57 ⬤ 45
87 − 36 ⬤ 51
21 + 47 ⬤ 68

4 Bilde die Aufgabenfamilien.

a) 28 47 75   **b)** 43 38 81   **c)** 27 29 56

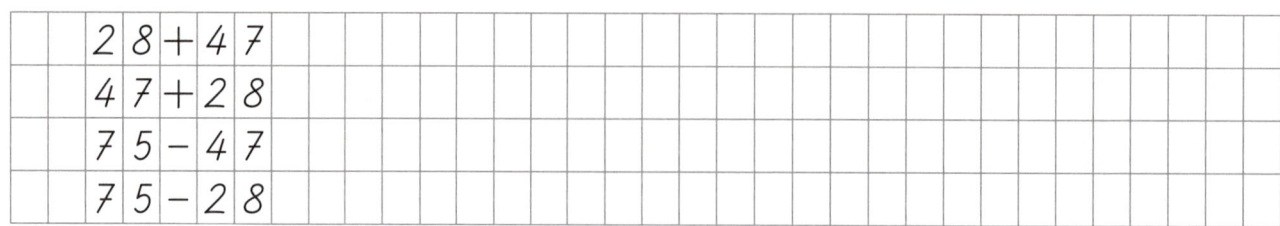

2	8	+	4	7											
4	7	+	2	8											
7	5	−	4	7											
7	5	−	2	8											

38
1: Aufgaben mit gleichem Ergebnis ermitteln und farblich kennzeichnen   2: Addieren und Subtrahieren
3: Relationszeichen setzen   4: Aufgabenfamilien bilden

TÜ 37

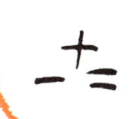

1 a)

25	16	15

b)

28	19	28

c)

22	19	34

d)

36	17	28

e)

19	28	19

f)

25	16	37

2 a)

8	10	12	14

b)

7	9	15	8

3

Burg
85
−27
+18
EIS
−29
+36
−55
+28
−8
+48
−27
69

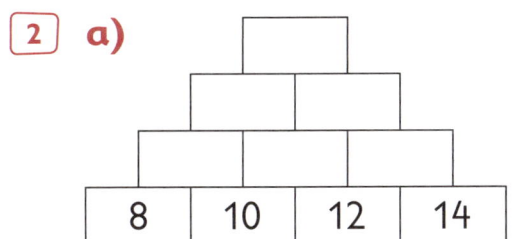

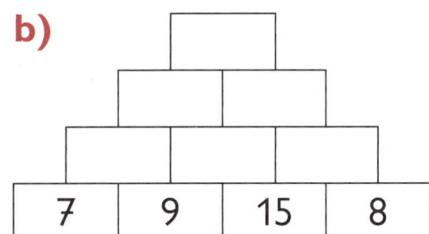

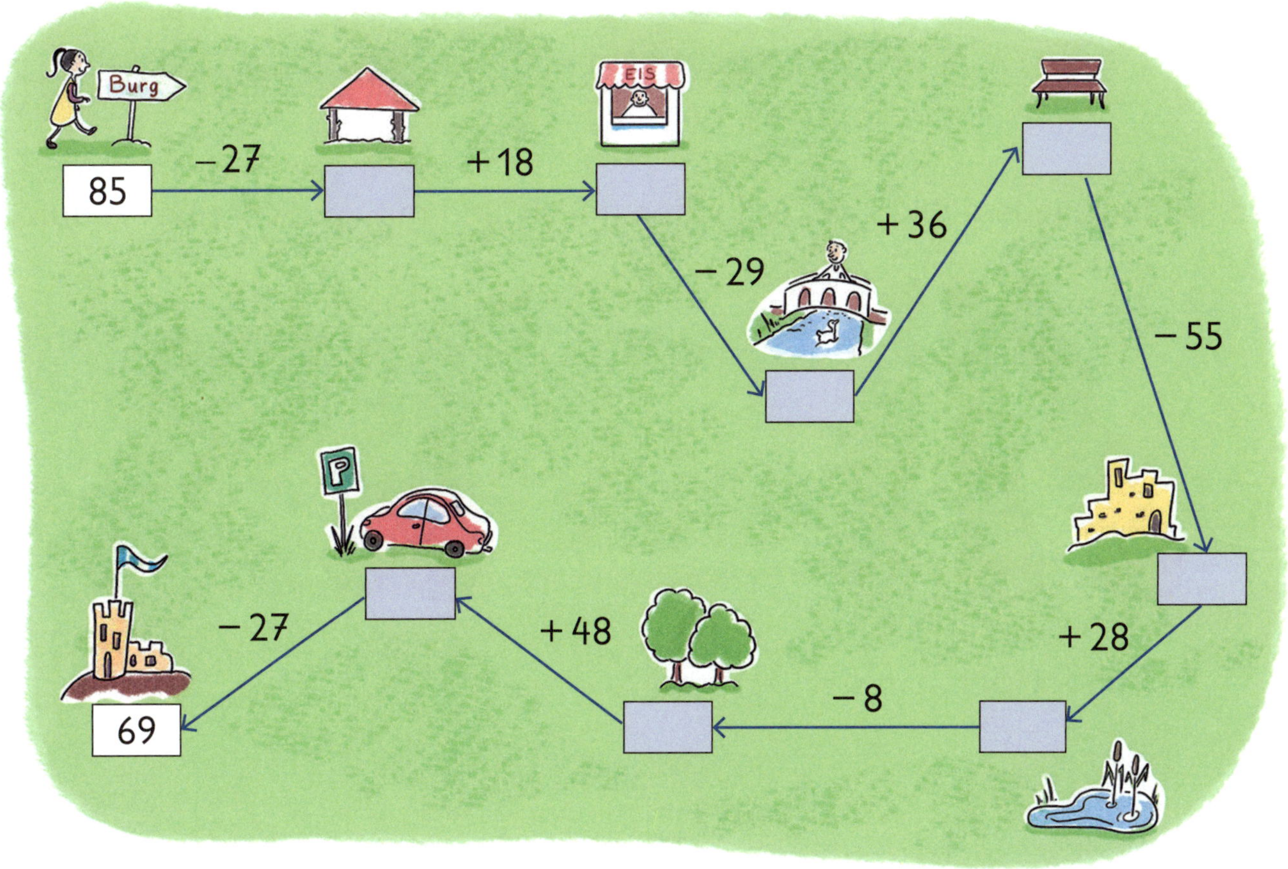

Multiplizieren

1

a) Lege und zeichne beide Beete.

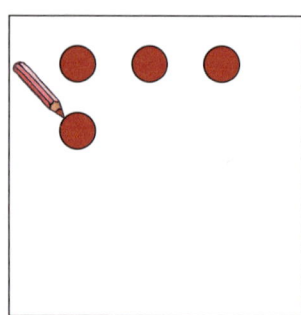   

b) Schreibe und löse für jedes Beet die Aufgabe mit ⊕ und mit ⊙ .

☐ + ☐ + ☐ + ☐ = ☐☐   ☐ + ☐ + ☐ = ☐☐

☐ · ☐ = ☐☐   ☐ · ☐ = ☐☐

2 Bilde zu jedem Bild zwei Aufgaben mit ⊕ und mit ⊙ . Schreibe sie auf.

a)

b)

3	+	3	+	3	+	3	+	3	+	3	+	3	+	3										
8	+	8	+	8																				
8	·	3																						
3	·	8																						

1: Sachsituation erfassen und Punktbilder erstellen; Aufgaben bilden und lösen; Vertauschbarkeit
der Faktoren erkennen   2: Aufgaben bilden; beide Möglichkeiten erkennen

1 Schreibe zu jedem Punktbild zwei Aufgaben mit ·.
Löse sie.

a)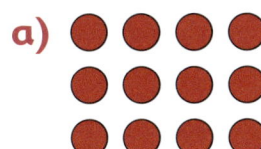

b)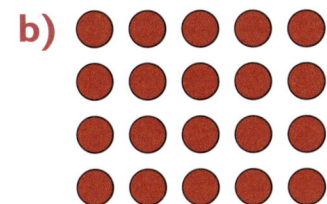

c)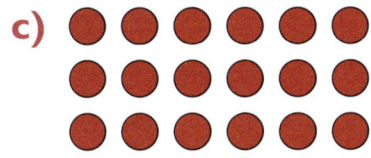

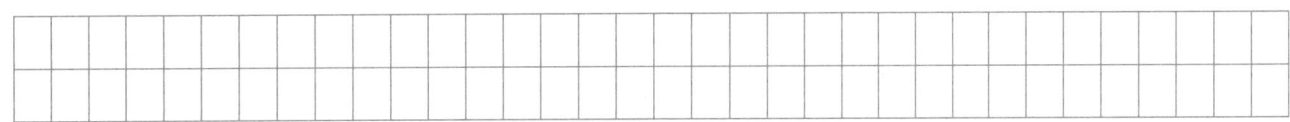

2 Zeichne oder lege die richtige Anzahl von Punkten zu den Aufgaben.

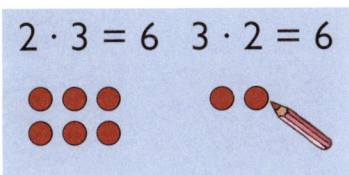

$4 \cdot 2 = $ ▢

$2 \cdot 4 = $ ▢

3 Schreibe unter jede Aufgabe die passende Aufgabe mit +.
Löse die Aufgaben.

$2 \cdot 4 = 8$
$4 + 4 = 8$

a) $3 \cdot 5 = $ ▢▢

b) $2 \cdot 6 = $ ▢▢

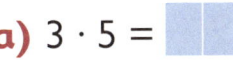

4 Anna und Max haben Apfelsinen gekauft. Wer hat mehr gekauft?
Schreibe zu jedem Einkauf die passende Aufgabe mit · und löse sie.

Anna:

Max:

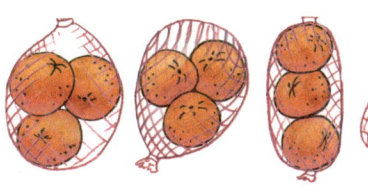

Antwort: _____

Multiplizieren mit 2

1 Was gehört zusammen? Verbinde.

| 2 · 7 | 16 | 5 · 2 | 8 | 6 · 2 | 2 · 9 | 20 | 0 · 2 |

| 12 | 14 | 2 · 8 | 2 · 4 | 10 | 0 | 18 | 10 · 2 |

2 **a)** 3 · 2 =
5 · 2 =
0 · 2 =
10 · 2 =

b) 6 · 2 =
8 · 2 =
7 · 2 =
2 · 2 =

c) 9 · 2 =
4 · 2 =
1 · 2 =
5 · 2 =

3 **a)** · 2 = 14
 · 2 = 8
 · 2 = 2
 · 2 = 16

b) · 2 = 18
 · 2 = 0
 · 2 = 10
 · 2 = 20

c) · 2 = 12
 · 2 = 6
 · 2 = 4
 · 2 = 14

4 **a)** 6 $\xrightarrow{\cdot 2}$ 5 $\xrightarrow{\cdot 2}$ 9 $\xrightarrow{\cdot 2}$ 4 $\xrightarrow{\cdot 2}$

b) 3 $\xrightarrow{\cdot 2}$ 10 $\xrightarrow{\cdot 2}$ 7 $\xrightarrow{\cdot 2}$ 8 $\xrightarrow{\cdot 2}$

5

·	7	3	0	10	6	5	8	2	4	1	9
2											

6 Ben hängt jedes Handtuch mit zwei Klammern auf.
Wie viele Klammern benötigt er für sechs Handtücher?

Aufgabe:

Antwort: _____

1: Aufgaben den Lösungen zuordnen   2 bis 5: Multiplizieren mit 2
6: Sachverhalt erfassen; Aufgabe bilden und lösen; Antwort schreiben

Multiplizieren mit 10 und 5

1 Welche Aufgaben haben das gleiche Ergebnis? Verbinde.

| 4 · 5 | 9 · 5 | 2 · 5 | 6 · 5 | 10 · 5 | 8 · 5 |

| 45 | 20 | 50 | 10 | 30 | 25 | 40 |

| 1 · 10 | 5 · 10 | 4 · 10 | 2 · 10 | 3 · 10 |

2 **a)** 3 · 10 =
6 · 10 =
4 · 10 =
8 · 10 =
2 · 10 =

b) 5 · 5 =
9 · 5 =
4 · 5 =
6 · 5 =
8 · 5 =

3 **a)** · 10 = 70
 · 10 = 90
 · 10 = 50
 · 10 = 30
 · 10 = 10

b) · 5 = 10
 · 5 = 15
 · 5 = 35
 · 5 = 25
 · 5 = 20

4 **a)**
6 →^(· 5)
9 →^(· 5)
8 →^(· 5)
7 →^(· 5)

b)
3 →^(·10)
5 →^(·10)
4 →^(·10)
6 →^(·10)

5

·	4	2	7	8	6	3	9	5	10	0	1
10											

6

·	2	5	0	7	3	9	10	8	6	1	4
5											

7 **a)**

15 · 45 · 3 · 50 · 5 · 6 · 40 · · 5

b)

7 · 6 · 2 · 30 · 90 · 80 · · 10

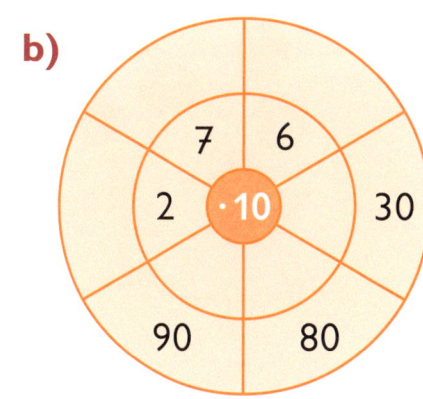

Dividieren

Zeichne und rechne.

1 **a)** Immer 3 Bonbons erhält ein Kind.
Wie viele Kinder bekommen
Bonbons?

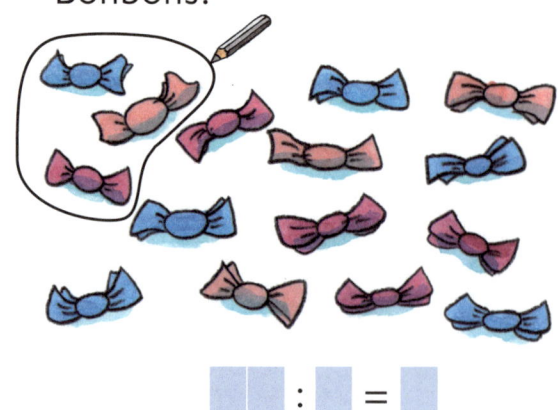

☐☐ : ☐ = ☐

b) Immer 4 Äpfel sollen in eine Tüte.
Wie viele Tüten werden benötigt?

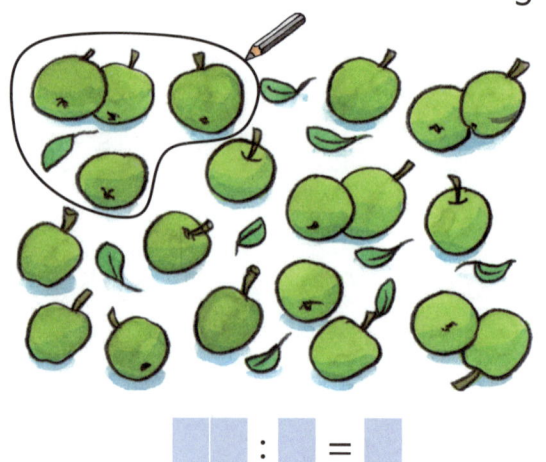

☐☐ : ☐ = ☐

2 Immer fünf. Teile auf und kreise ein.

a)

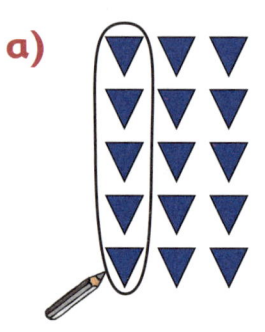

15 : 5 = ☐

b)

☐☐ : ☐ = ☐

c)

☐☐ : ☐ = ☐

3 **a)** Verteile die Apfelsinen auf
3 Tüten. Wie viele Apfelsinen
sind in einer Tüte?

☐☐ : ☐ = ☐

b) Verteile die Äpfel auf 4 Tüten.
Wie viele Äpfel sind in
einer Tüte?

☐☐ : ☐ = ☐

1 bis 3: Aufteilen und Verteilen erfassen; als Aufgabe darstellen; Aufgaben lösen

Dividieren – Umkehraufgaben

1 Teile auf und rechne. Überprüfe mit der Umkehraufgabe.

Immer 2: ●●|●●|●| ●|●●●● ●●●●● ●●●●● 20 : 2 = ▢▢ , denn ▢▢ · 2 = 20

Immer 5: ●●●●● ●●●●● ●●●●● ●●●●● 20 : ▢ = ▢ , denn ▢ · ▢ = ▢▢

Immer 4: ●●●●● ●●●●● ●●●●● ●●●●● 20 : ▢ = ▢ , denn ▢ · ▢ = ▢▢

Immer 10: ●●●●● ●●●●● ●●●●● ●●●●● 20 : ▢▢ = ▢ , denn ▢ · ▢▢ = 20

2
a) · 5
4 ⟶ ▢▢
: 5

b) · 2
6 ⟶ ▢▢
: 2

c) · 10
8 ⟶ ▢▢
: 10

3
a) · 2
8 ⟶ ▢▢
: ▢

b) · 5
9 ⟶ ▢▢
: ▢

c) · 10
4 ⟶ ▢▢
: ▢▢

4 Bilde die Aufgabenfamilien.

a) **3** **5** **15**   b) **2** **9** **18**   c) **5** **8** **40**

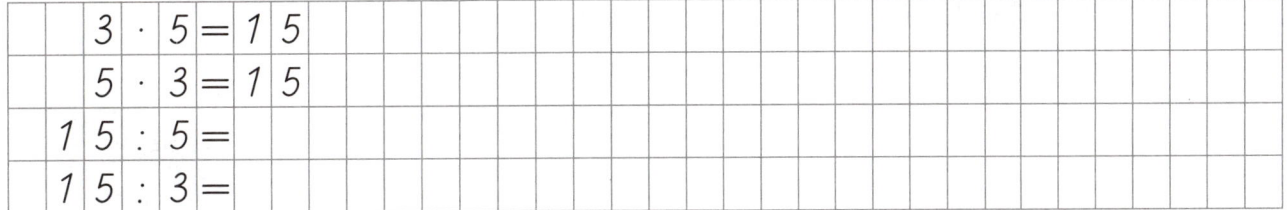

		3	·	5	=	1	5															
5	·	3	=	1	5															
1	5	:	5	=																
1	5	:	3	=																

d) **7** **2** **14**   e) **9** **8** **72**   f) **4** **10** **40**

1: Nach Vorgabe aufteilen; Aufgabe und Umkehraufgabe finden und lösen
2 und 3: Platzhalter bestimmen   4: Aufgabenfamilien bilden

TÜ 44   45

Dividieren durch 2

1 Rechne.
Begründe mit der Umkehraufgabe.

a) 8 : 2 = 4 , denn 4 · 2 = 8
2 : 2 = ☐ , denn ☐ · ☐ = ☐
4 : 2 = ☐ , denn ☐ · ☐ = ☐
6 : 2 = ☐ , denn ☐ · ☐ = ☐

b) 12 : 2 = ☐ , denn ☐ · ☐ = ☐☐
18 : 2 = ☐ , denn ☐ · ☐ = ☐☐
16 : 2 = ☐ , denn ☐ · ☐ = ☐☐
10 : 2 = ☐ , denn ☐ · ☐ = ☐☐

2 Bilde die Aufgabenfamilien.

a) ⑨ ② ⑱   **b)** ⑧ ② ⑯   **c)** ⑥ ② ⑫

9	·	2											
2	·	9											
1	8	:	2										
1	8	:	9										

3 Setze das richtige Zeichen: < , = , >.

a) 10 : 2 ⟨<⟩ 6
4 : 2 ◯ 2
16 : 2 ◯ 7

b) 14 : 2 ◯ 6
2 : 2 ◯ 1
8 : 2 ◯ 5

c) 20 : 2 ◯ 18
12 : 2 ◯ 5
6 : 2 ◯ 4

4 An jedes Fahrrad sollen zwei Packtaschen angebracht werden.
Es wurden 14 Packtaschen angeliefert.
Wie viele Fahrräder erhalten zwei Packtaschen?

Aufgabe: ☐☐☐☐☐☐☐☐☐☐☐☐☐☐☐☐

Antwort: _____

5 Tom und Maria teilen sich 16 Münzen zu je 5 Cent.
Wie viele Münzen erhält jedes Kind?

Aufgabe: ☐☐☐☐☐☐☐☐☐☐☐☐☐☐☐☐

Antwort: _____

46
1: Dividieren, Ergebnis mit der Umkehraufgabe begründen   2: Aufgabenfamilien bilden
3: Relationszeichen setzen   4 und 5: Inhalt erfassen; Aufgabe bilden und lösen; Antwort schreiben
TÜ 45

Verdoppeln und Halbieren

1 Immer das Doppelte. Zeichne und schreibe die Aufgabe dazu.

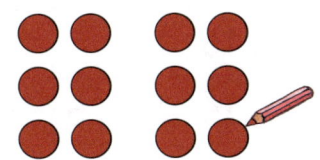 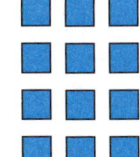

$3 \cdot 2 =$ ☐

☐ $\cdot 2 =$ ☐

$4 \cdot 3 =$ ☐

☐ $\cdot 3 =$ ☐

$2 \cdot 5 =$ ☐

☐ $\cdot 5 =$ ☐

2 Immer das Doppelte

a)

5	
3	
7	
20	

b)

8 €	☐ €
4 €	☐ €
6 €	☐ €
10 €	☐ €

c)

5 ct	☐ ct
2 ct	☐ ct
1 ct	☐ ct
40 ct	☐ ct

6 10 14 40
8 € 12 €
16 € 20 €
2 ct 4 ct
10 ct 80 ct

3 Immer die Hälfte. Zeichne ein, wie du halbierst. Schreibe die Aufgabe dazu.

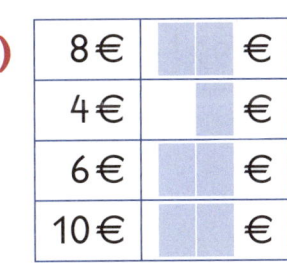   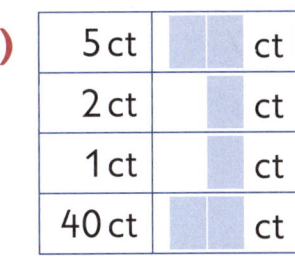   

$20 : 2 =$ ☐

☐ $:$ ☐ $=$ ☐

☐ $:$ ☐ $=$ ☐

Immer die Hälfte

4 **a)**

8	
10	
2	
16	

b)

20 €	☐ €
4 ct	☐ ct
12 ct	☐ ct
18 €	☐ €

c)

14 m	☐ m
10 cm	☐ cm
16 cm	☐ cm
6 mm	☐ mm

1 4 5 8
2 ct 6 ct
9 € 10 €
3 mm
5 cm 7 m
8 cm

Gerade und ungerade Zahlen

1 Färbe im Hunderterquadrat:

a) alle Kästchen mit geraden Zahlen in der 2., 5. und 7. Zeile orange,

b) alle Kästchen mit ungeraden Zahlen in der 4. und 9. Zeile blau.

1	2	3	4	5	6	7	8	9	10
11	12	13	14	15	16	17	18	19	20
21	22	23	24	25	26	27	28	29	30
31	32	33	34	35	36	37	38	39	40
41	42	43	44	45	46	47	48	49	50
51	52	53	54	55	56	57	58	59	60
61	62	63	64	65	66	67	68	69	70
71	72	73	74	75	76	77	78	79	80
81	82	83	84	85	86	87	88	89	90
91	92	93	94	95	96	97	98	99	100

2 Berechne die Summen und Differenzen.
Wenn das Ergebnis eine ungerade Zahl ist,
dann kreise es blau ein.

a) $19 - 8 =$
$46 + 6 =$
$28 + 9 =$
$67 + 7 =$

b) $38 - 20 =$
$53 + 40 =$
$77 - 50 =$
$31 - 20 =$

c) $47 - 23 =$
$49 + 41 =$
$34 - 19 =$
$64 - 36 =$

11	11	15
18	24	27
28	37	52
74	90	93

3 Berechne die Summen und Differenzen.
Wenn das Ergebnis eine gerade Zahl ist,
dann kreise es orange ein.

a) $15 + 32 =$
$37 - 19 =$
$48 + 36 =$
$79 - 28 =$

b) $93 - 57 =$
$36 + 23 =$
$51 - 16 =$
$66 + 32 =$

c) $78 + 15 =$
$84 - 47 =$
$96 - 48 =$
$55 + 26 =$

18	35	36
37	47	48
51	59	81
84	93	98

1: Gerade und ungerade Zahlen erkennen und färben   2: Addieren und Subtrahieren; ungerade Zahlen
als Ergebnis kennzeichnen   3: Addieren und Subtrahieren; gerade Zahlen als Ergebnis kennzeichnen

Dividieren durch 10 und 5

1 Rechne.
Begründe mit der Umkehraufgabe.

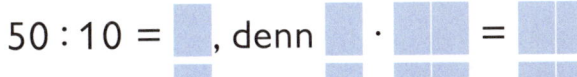

a) 70 : 10 = 7 , denn 7 · 1 0 = 7 0   **b)** 35 : 5 = ☐ , denn ☐ · ☐ = ☐

50 : 10 = ☐ , denn ☐ · ☐ = ☐   20 : 5 = ☐ , denn ☐ · ☐ = ☐

90 : 10 = ☐ , denn ☐ · ☐ = ☐   15 : 5 = ☐ , denn ☐ · ☐ = ☐

80 : 10 = ☐ , denn ☐ · ☐ = ☐   45 : 5 = ☐ , denn ☐ · ☐ = ☐

2 Bilde die Aufgabenfamilien.

a) ⑨ ⑤ ㊺   **b)** ⑥ ⑩ ㏚   **c)** ⑩ ⑤ ㊿

		9	·	5																			
		5	·	9																			
	4	5	:	5																			
	4	5	:	9																			

3 Setze das richtige Zeichen: < , = , > .

a) 25 : 5 ◯ 4   **b)** 10 : 10 ◯ 1   **c)** 100 : 10 ◯ 10

5 : 5 ◯ 5   90 : 10 ◯ 10   60 : 10 ◯ 7

10 : 5 ◯ 2   40 : 10 ◯ 3   30 : 10 ◯ 20

4 **a)** Tom hat 40 Steckwürfel. Er baut damit 5er-Türme.
Wie viele Türme baut er?

Aufgabe: ☐☐☐☐☐☐☐☐☐☐☐☐☐☐☐☐☐

Antwort: _____

b) Lisa hat 60 Steckwürfel. Sie baut 10er-Türme.
Wie viele Türme baut sie?

Aufgabe: ☐☐☐☐☐☐☐☐☐☐☐☐☐☐

Antwort: _____

Multiplizieren und Dividieren

1 Schreibe als Multiplikationsaufgabe.

2 + 2 + 2 = ☐☐   5 + 5 + 5 + 5 + 5 = ☐☐   10 + 10 + 10 + 10 = ☐☐☐☐

☐ · ☐ = ☐☐   ☐ · ☐ = ☐☐   ☐ · ☐ = ☐☐

2 Schreibe als Additionsaufgabe.

4 · 2 = ☐   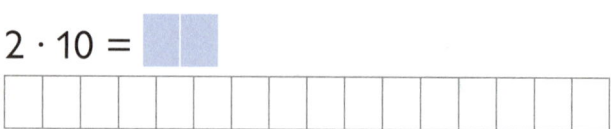 6 · 5 = ☐☐

| 2 | + | 2 | + | 2 | + | 2 | = | | | | | | | |

3 · 5 = ☐☐   2 · 10 = ☐☐

3

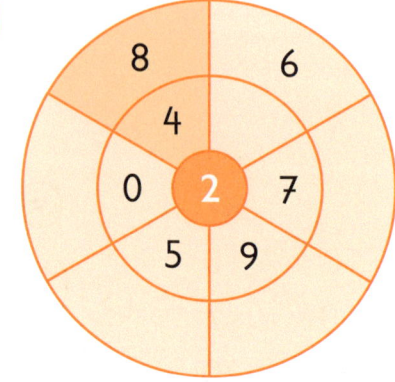 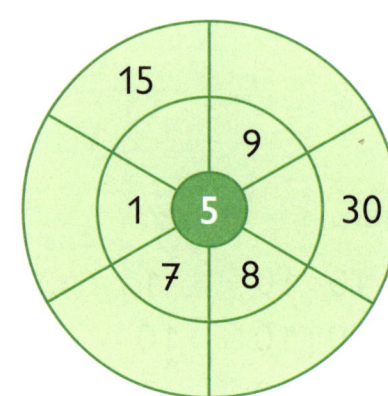 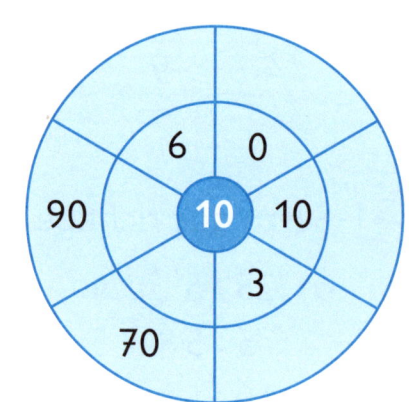

4 Teile auf und rechne.

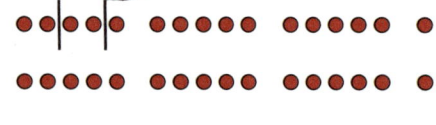
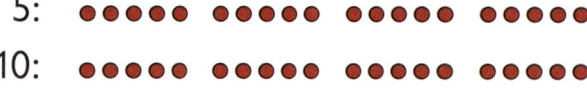

Immer 2:   ☐☐ : ☐ = ☐☐

Immer 5:   ☐☐ : ☐ = ☐

Immer 10:   ☐☐ : ☐☐ = ☐

5 Dividiere. Begründe mit der Umkehraufgabe.

a) 10 : 2 = ☐ , denn ☐ · ☐ = ☐☐

14 : 2 = ☐ , denn ☐ · ☐ = ☐☐

18 : 2 = ☐ , denn ☐ · ☐ = ☐☐

12 : 2 = ☐ , denn ☐ · ☐ = ☐☐

b) 40 : 5 = ☐ , denn ☐ · ☐ = ☐☐

35 : 5 = ☐ , denn ☐ · ☐ = ☐☐

20 : 5 = ☐ , denn ☐ · ☐ = ☐☐

25 : 5 = ☐ , denn ☐ · ☐ = ☐☐

1 und 2: Multiplikations- bzw. Additionsaufgaben zuordnen   3: Multiplikationsaufgaben lösen
4: Aufteilen nach Vorgabe; Aufgaben bilden und lösen   5: Dividieren und begründen

1 **a)** 40 $\xrightarrow{\ :10\ }$ ▢ $\xrightarrow{\ \cdot 2\ }$ ▢   **b)** 6 $\xrightarrow{\ \cdot 5\ }$ ▢▢ $\xrightarrow{\ :10\ }$ ▢

70 $\xrightarrow{\ :10\ }$ ▢ $\xrightarrow{\ \cdot 5\ }$ ▢▢   10 $\xrightarrow{\ \cdot 2\ }$ ▢▢ $\xrightarrow{\ :5\ }$ ▢

50 $\xrightarrow{\ :5\ }$ ▢▢ $\xrightarrow{\ \cdot 2\ }$ ▢▢   8 $\xrightarrow{\ \cdot 5\ }$ ▢▢ $\xrightarrow{\ :10\ }$ ▢

40 $\xrightarrow{\ :5\ }$ ▢ $\xrightarrow{\ \cdot 2\ }$ ▢   4 $\xrightarrow{\ \cdot 10\ }$ ▢▢ $\xrightarrow{\ :5\ }$ ▢

2

·	2	10	5
3			
7			
5			
9			

3

:	10	5
20		
40		
30		
50		

2 3 4 4
5 6 6 8
10 10 14 15
18 25 30 35
45 50 70 90

4 **a)** 20 € : 5 = ▢ €   **b)** 7 ct · 2 = ▢▢ ct   **c)** 16 m : 2 = ▢ m

90 € : 10 = ▢ €   10 ct · 2 = ▢▢ ct   40 mm : 5 = ▢ mm

18 € : 2 = ▢ €   8 ct · 5 = ▢▢ ct   80 cm : 10 = ▢ cm

45 € : 5 = ▢ €   10 ct · 10 = ▢▢ ct   100 m : 10 = ▢▢ m

4 € 9 € 9 € 9 € 14 ct 20 ct 40 ct 100 ct 8 mm 8 cm 8 m 10 m

5 **a)** Anna verteilt 35 Bonbons an 5 Kinder.
Wie viele Bonbons erhält jedes Kind?

Aufgabe: ▢▢▢▢▢▢▢▢

Antwort: _____

_____

b) Jedes Kind fertigt 10 Wimpel für eine Wimpelkette an.
Wie viele Wimpel hat die Kette bei 8 Kindern?

Aufgabe: ▢▢▢▢▢▢▢▢▢▢

Antwort: _____

_____

Zeichnen von Kreisen

1 Zeichne um die Punkte M und N Kreise mit dem angegebenen Radius.

r = 2 cm   r = 28 mm

×
M

×
N

2 Zeichne um S einen zweiten Kreis mit einem doppelt so großen Radius.

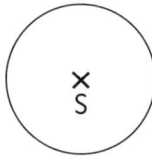

3 Zeichne um P einen zweiten Kreis mit einem halb so großen Radius.

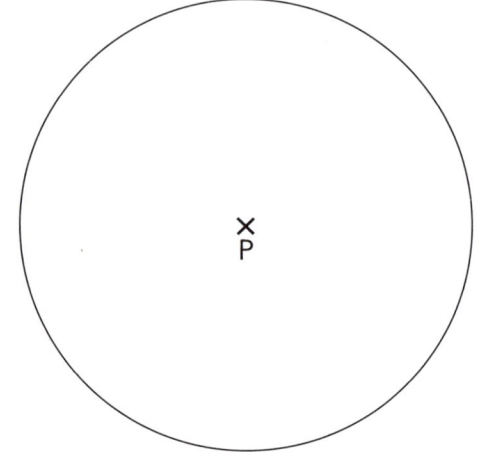

4 Zeichne das Muster weiter.

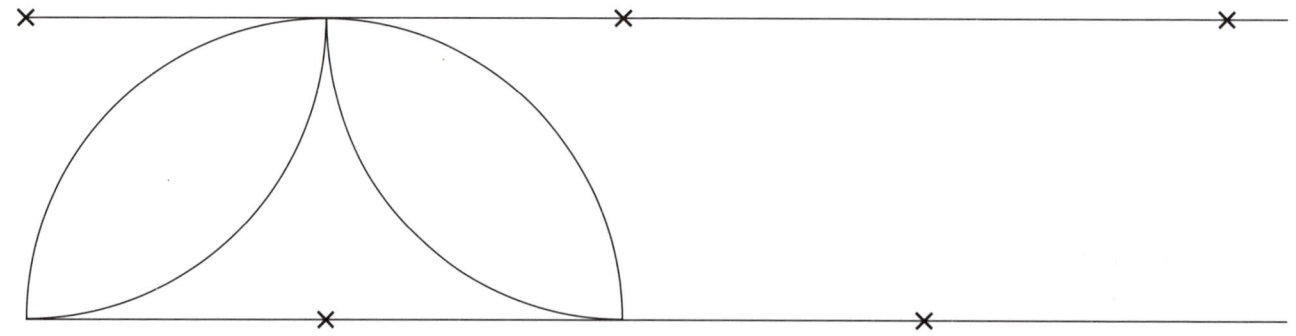

Symmetrische Figuren

1 Das Spiegelbild stimmt nicht. Finde 10 Fehler. Kreise sie ein.

2 Ergänze zu symmetrischen Figuren.

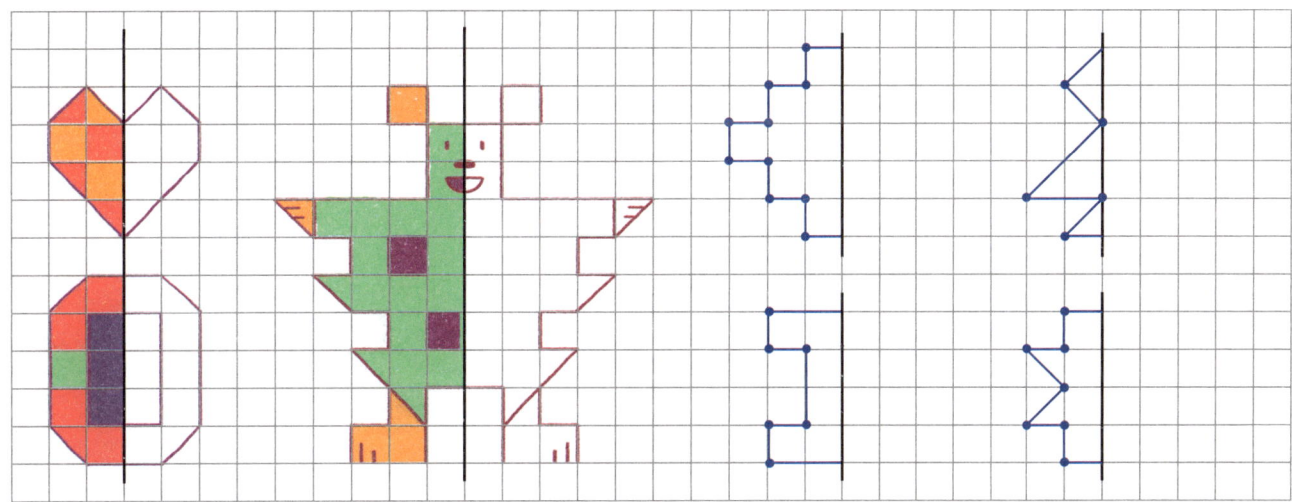

3 Sind alle grünen Linien wirklich Symmetrieachsen?
Prüfe mit dem Spiegel und zeichne die Symmetrieachsen nach.

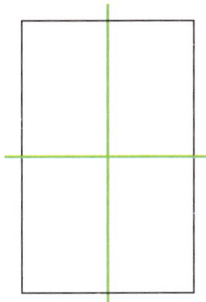
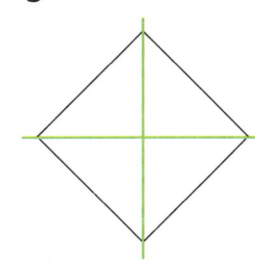
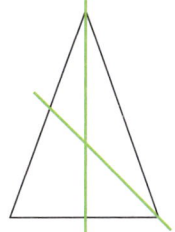
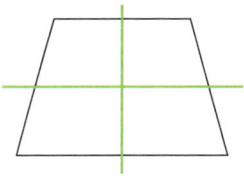

4 Ist Anna glücklich oder traurig?
a) Nimm dir einen Spiegel. **b)** Zeichne auch solche Gesichter.

Die Uhrzeit

1 Wie spät ist es? Gib jeweils die Vormittags- und die Nachmittagszeit an.

   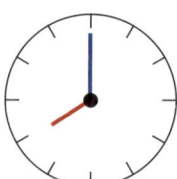 

4 Uhr   _____ Uhr   _____ Uhr   _____ Uhr   _____ Uhr

16 Uhr   _____ Uhr   _____ Uhr   _____ Uhr   _____ Uhr

2 Zeichne die Zeiger ein. Ergänze die fehlenden Uhrzeiten.

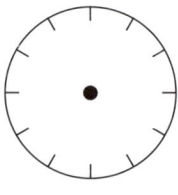 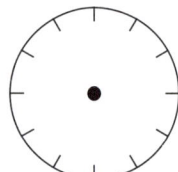 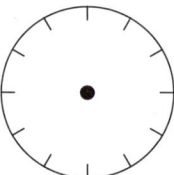 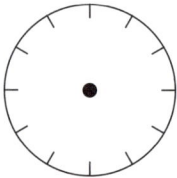 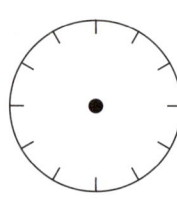

13 Uhr   _____ Uhr   _____ Uhr   _____ Uhr   _____ Uhr

3 Färbe die angegebenen Minuten in den Uhren.

 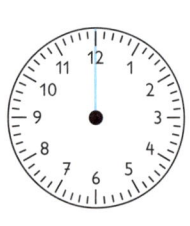 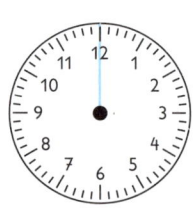 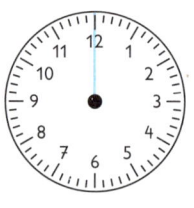 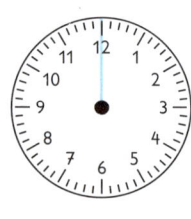

5 min   15 min   30 min   45 min   60 min

5 Verbinde gleiche Uhrzeiten.

a) | 5:30 Uhr | | zwölf Uhr mittags |

     | 12:00 Uhr | | halb sechs |

b) | 18:00 Uhr | | Mitternacht |

     | 0:00 Uhr | | sechs Uhr abends |

1 Wie spät ist es? Schreibe jeweils die Vormittags- und die Nachmittagszeit auf.

            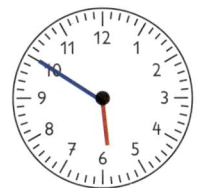

1:25 Uhr   _____ Uhr   _____ Uhr   _____ Uhr   _____ Uhr

13:25 Uhr   _____ Uhr   _____ Uhr   _____ Uhr   _____ Uhr

2 Zeichne die Zeiger ein.

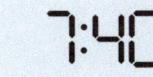            

   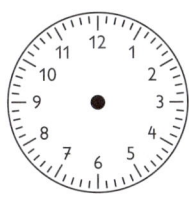   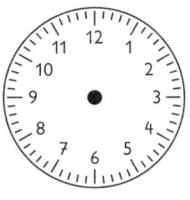   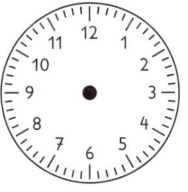   

3 Kinderprogramm

Kreuze die richtigen Sätze an.

☐ „SimsalaGrimm" beginnt um 17:35 Uhr.

☐ „Nils Holgersson" kommt um 12:05 Uhr und um 19:00 Uhr.

☐ „Schloss Einstein" beginnt um 14:20 Uhr.

12:05	Nils Holgersson
12:40	Die Maus Die Insel der Erfinder
13:25	Piets irre Pleiten
14:10	Schloss Einstein
15:00	Endlich Samstag!
15:50	logo!
16:00	Wir fahren nach Berlin
16:30	Ubos
16:50	Die Schule der kleinen Vampire
17:15	Tolle Trolle
17:35	SimsalaGrimm
18:00	Shaun das Schaf
18:15	Marcelino
18:40	Lauras Stern
18:50	Sandmann
19:00	Nils Holgersson
19:25	Wissen macht Ah!

4 Ergänze zur nächsten vollen Stunde.

a)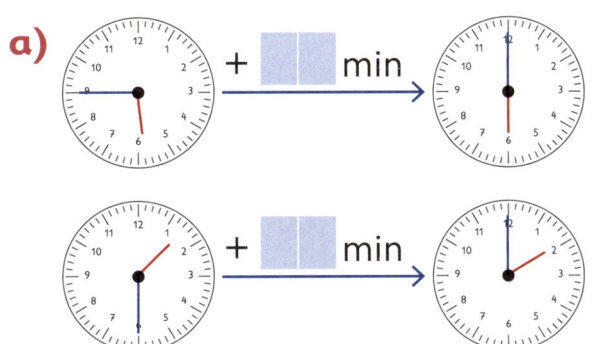

b)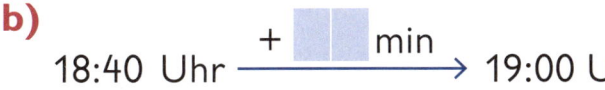

18:40 Uhr + ☐ min → 19:00 Uhr

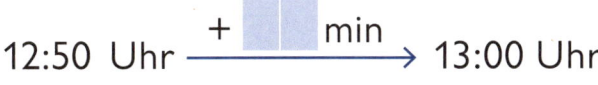

12:50 Uhr + ☐ min → 13:00 Uhr

Zeitpunkt und Zeitdauer

1 Färbe die Zeitangaben in den Uhren.

 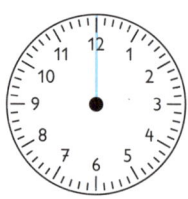 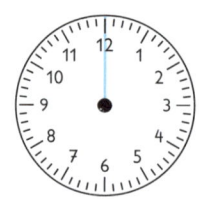 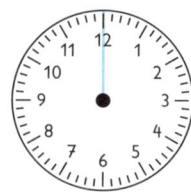 

10 min   eine halbe Stunde   eine Viertel-stunde   eine Stunde   eine Drei-viertelstunde

2 Maria ist gerade in der Schule angekommen. Sie schaut auf die Uhr.

a) Wie spät ist es? _____

b) Vor einer Viertelstunde ist sie zu Hause losgegangen.

Wie spät war es da? _____

c) Um 7:30 Uhr beginnt die erste Stunde. Wie viele

Minuten sind es noch? _____

3 Maria und Max haben verschiedene Hobbys.
Wie viel Zeit verbringen sie damit?

 Maria spielt am Dienstag Fußball.

15:30 Uhr $\xrightarrow{\quad + \underline{\qquad\qquad}\quad}$ 16:30 Uhr

Maria spielt _____ Fußball.

 Max hat Donnerstag Klavierunterricht.

_____ Uhr $\xrightarrow{\quad + \underline{\qquad\qquad}\quad}$ _____ Uhr

Max hat _____ Klavierunterricht.

Multiplizieren und Dividieren mit 4

1 **a)** Wie viele Äpfel sind es insgesamt?

☐ + ☐ + ☐ = ☐☐

☐ · ☐ = ☐☐

b) Wie viele Birnen sind es insgesamt?

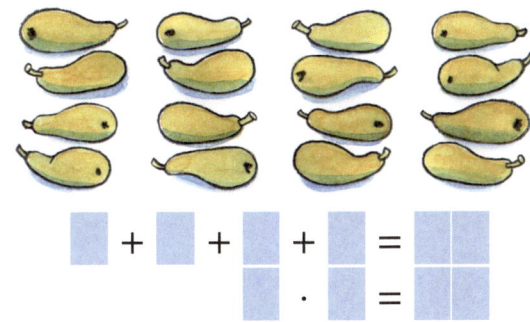

☐ + ☐ + ☐ + ☐ = ☐☐

☐ · ☐ = ☐☐

2 **a)** 3 · 4 = ☐☐

7 · 4 = ☐☐

0 · 4 = ☐

5 · 4 = ☐☐

b) 10 · 4 = ☐☐

6 · 4 = ☐☐

1 · 4 = ☐

4 · 4 = ☐☐

3 **a)** 8 : 4 = ☐

28 : 4 = ☐

32 : 4 = ☐

4 : 4 = ☐

b) 40 : 4 = ☐☐

16 : 4 = ☐

24 : 4 = ☐

12 : 4 = ☐

| 0 4 12 16 20 24 28 40 |

| 1 2 3 4 6 7 8 10 |

4 **a)**

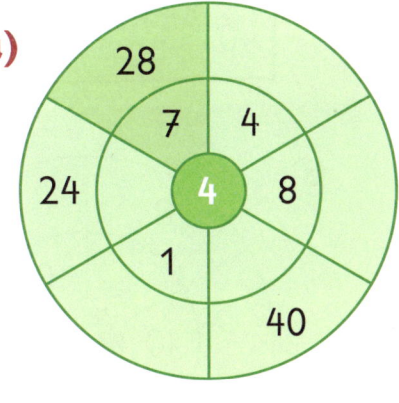

28 7 4 24 4 8 1 40

b)

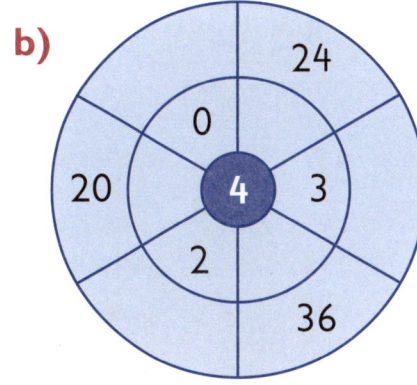

24 0 20 4 3 2 36

5 **a)** ☐ · 4 = 16

☐ · 4 = 36

☐ · 4 = 20

☐ · 4 = 12

b) ☐ · 4 = 4

☐ · 4 = 32

☐ · 4 = 0

☐ · 4 = 8

6 **a)** ☐ : 4 = 1

☐ : 4 = 2

☐ : 4 = 3

☐ : 4 = 4

b) ☐☐ : 4 = 10

☐☐ : 4 = 9

☐☐ : 4 = 8

☐☐ : 4 = 7

7 Ben hat 32 Spielkarten an 4 Kinder verteilt. Wie viele Karten hat jedes Kind bekommen?

Aufgabe: ☐☐☐☐☐☐☐☐☐☐☐☐☐☐☐☐☐☐

Antwort: _____

_____

Multiplizieren und Dividieren mit 8

1 Wie viele Ruderer nehmen insgesamt am Wettkampf teil?

☐ + ☐ + ☐ + ☐ = ☐☐

☐ · ☐ = ☐☐

2 **a)** 2 · 8 = ☐☐   **b)** 5 · 8 = ☐☐   **3** **a)** 24 : 8 = ☐   **b)** 80 : 8 = ☐☐

7 · 8 = ☐☐   3 · 8 = ☐☐   40 : 8 = ☐   8 : 8 = ☐

4 · 8 = ☐☐   1 · 8 = ☐   16 : 8 = ☐   32 : 8 = ☐

0 · 8 = ☐   6 · 8 = ☐☐   48 : 8 = ☐   72 : 8 = ☐

| 0 8 16 24 32 40 48 56 |

| 1 2 3 4 5 6 9 10 |

4

·	2	4	8
7			
5			
8			

5

:	4	8
16		
24		
32		

| 2 3 4 4 |
| 6 8 10 14 |
| 16 20 28 32 |
| 40 56 64 |

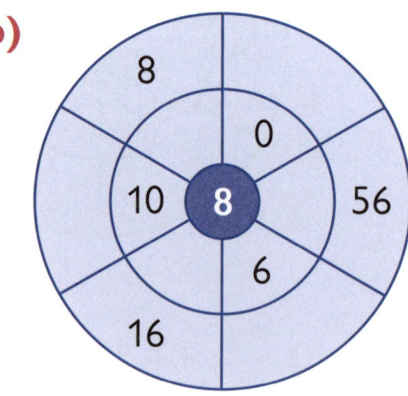

4 **a)**

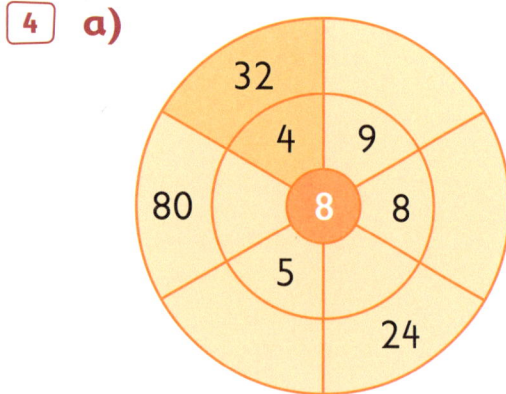

32, 4, 9, 80, 8, 8, 5, 24

b)

8, 0, 10, 8, 56, 6, 16

9 Bilde die Aufgabenfamilien.

a) ④ ⑧ ㉜   **b)** ⑧ ⑨ 72   **c)** ⑥ ⑧ 48

	4 · 8			
	8 · 4			
3 2 : 8			
3 2 : 4			

Multiplizieren und Dividieren mit 3

1 **a)**

b)

☐ + ☐ + ☐ + ☐ + ☐ + ☐ = ☐☐

☐ · ☐ = ☐☐

☐ + ☐ + ☐ = ☐

☐ · ☐ = ☐

2 **a)** 5 · 3 = ☐   **b)** 7 · 3 = ☐

9 · 3 = ☐   4 · 3 = ☐

6 · 3 = ☐   0 · 3 = ☐

1 · 3 = ☐   3 · 3 = ☐

0 3 9 12 15 18 21 27

3 **a)** 27 : 3 = ☐   **b)** 9 : 3 = ☐

15 : 3 = ☐   12 : 3 = ☐

3 : 3 = ☐   24 : 3 = ☐

18 : 3 = ☐   6 : 3 = ☐

1 2 3 4 5 6 8 9

4 Rechne und male aus.

 9, 18, 21, 27, 30
 15, 20, 28
 0, 16, 32

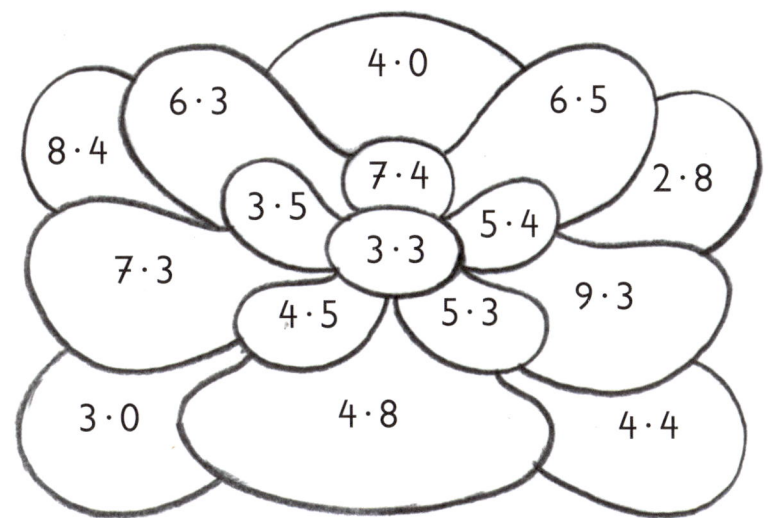

5 Setze das richtige Zeichen: <, =, >.

a) 9 · 3 ◯ 30   **b)** 5 · 3 ◯ 15   **c)** 8 · 3 ◯ 27   **d)** 3 · 5 ◯ 15

4 · 3 ◯ 10   7 · 3 ◯ 22   7 · 3 ◯ 18   2 · 8 ◯ 18

8 · 3 ◯ 22   10 · 3 ◯ 20   9 · 3 ◯ 24   7 · 4 ◯ 27

1 · 3 ◯ 3   0 · 3 ◯ 1   7 · 3 ◯ 21   0 · 5 ◯ 0

Multiplizieren und Dividieren mit 6

1 Wie viele Beine haben die vier Käfer insgesamt?

☐ + ☐ + ☐ + ☐ = ☐☐

☐ · ☐ = ☐☐

2 **a)** 3 · 6 = ☐☐   **b)** 7 · 6 = ☐☐

   8 · 6 = ☐☐   2 · 6 = ☐☐

   9 · 6 = ☐☐   0 · 6 = ☐

   6 · 6 = ☐☐   1 · 6 = ☐

| 0 | 6 | 12 | 18 | 36 | 42 | 48 | 54 |

3 **a)** 36 : 6 = ☐   **b)** 12 : 6 = ☐

   18 : 6 = ☐   30 : 6 = ☐

   54 : 6 = ☐   48 : 6 = ☐

   6 : 6 = ☐   54 : 6 = ☐

| 1 | 2 | 3 | 5 | 6 | 8 | 9 | 9 |

4

·	3	5	10	6
6				
3				

5

:	6	3	4	2
24				
12				

6 Rechne. Überprüfe mit der Umkehraufgabe.

a) 7 · 6 = 42 , denn 42 : 6 = 7

   5 · 6 = ☐☐ , denn ☐☐ : ☐ = ☐

   9 · 6 = ☐☐ , denn ☐☐ : ☐ = ☐

   4 · 6 = ☐☐ , denn ☐☐ : ☐ = ☐

b) 24 : 6 = ☐ , denn ☐ · 6 = ☐☐

   36 : 6 = ☐ , denn ☐ · ☐ = ☐☐

   48 : 6 = ☐ , denn ☐ · ☐ = ☐☐

   18 : 6 = ☐ , denn ☐ · ☐ = ☐☐

7 Setze das richtige Zeichen: < , = , >.

a) 9 · 6 ⬤ 52   **b)** 4 · 6 ⬤ 25   **c)** 7 · 6 ⬤ 42   **d)** 5 · 6 ⬤ 30

   6 · 3 ⬤ 18   10 · 6 ⬤ 60   6 · 0 ⬤ 3   6 · 6 ⬤ 40

   6 · 5 ⬤ 36   8 · 6 ⬤ 40   8 · 6 ⬤ 40   2 · 6 ⬤ 8

   1 · 6 ⬤ 6   7 · 6 ⬤ 42   4 · 6 ⬤ 24   9 · 6 ⬤ 45

1: Aufgaben dem Bild zuordnen und lösen   2 und 3: Multiplizieren und Dividieren   4 und 5: Tabellen ergänzen
6: Aufgabe lösen und mit der Umkehraufgabe überprüfen   7: Relationszeichen setzen   TÜ 59

Multiplizieren und Dividieren mit 9

1 Wie viele Vögel sitzen auf den Leitungen?

☐ + ☐ + ☐ = ☐☐
☐ · ☐ = ☐☐

2 **a)** 4 · 9 = ☐☐   **b)** 3 · 9 = ☐☐
2 · 9 = ☐☐   5 · 9 = ☐☐
7 · 9 = ☐☐   8 · 9 = ☐☐
6 · 9 = ☐☐   0 · 9 = ☐☐

| 0 18 27 36 45 54 63 72 |

3 **a)** 18 : 9 = ☐   **b)** 27 : 9 = ☐
45 : 9 = ☐   63 : 9 = ☐
90 : 9 = ☐☐   72 : 9 = ☐
36 : 9 = ☐   81 : 9 = ☐

| 2 3 4 5 7 8 9 10 |

4

·	3	6	9
4			
6			
7			

5

:	6	9
18		
36		
54		

2 3 4 6
6 9 12 18
21 24 36 36
42 54 63

6

Rechenrad links (9):
72 18
8
10 **9** 6
1
36

Rechenrad rechts (9):
81 27
5 **9** 4
0
63

7 Anna und Tom bestellen 6 Kästen mit je 9 Flaschen Limonade.
Wie viele Flaschen werden geliefert?

Aufgabe: ☐☐☐☐☐☐☐☐☐☐☐☐☐☐☐☐☐☐☐☐☐☐

Antwort: _____

Multiplizieren und Dividieren mit 7

1 Wie viele Zwerge sind es insgesamt?

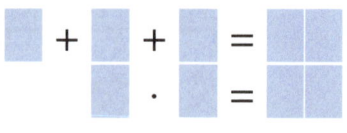

2 **a)** 4 · 7 = ☐ **b)** 6 · 7 = ☐
   7 · 7 = ☐   3 · 7 = ☐
   9 · 7 = ☐   0 · 7 = ☐
   10 · 7 = ☐   5 · 7 = ☐

| 0 21 28 35 42 49 63 70 |

3 **a)** 21 : 7 = ☐ **b)** 35 : 7 = ☐
   14 : 7 = ☐   42 : 7 = ☐
   56 : 7 = ☐   63 : 7 = ☐
   28 : 7 = ☐   49 : 7 = ☐

| 2 3 4 5 6 7 8 9 |

4 Ordne die Ballons den Körben zu.

5 Setze das richtige Zeichen: <, =, >.

a) 4 · 7 ◯ 30   6 · 7 ◯ 42   **b)** 35 : 7 ◯ 8   49 : 7 ◯ 7
   7 · 7 ◯ 48   3 · 7 ◯ 14   14 : 7 ◯ 2   28 : 7 ◯ 5

1: Aufgaben dem Bild zuordnen und lösen   2 und 3: Multiplizieren und Dividieren
4: Ergebnisse den Multiplikationsaufgaben zuordnen   5: Relationszeichen setzen

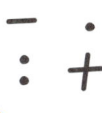

Multiplizieren und Dividieren

1 **a)** 3 · 6 = ☐☐ **b)** 2 · 2 = ☐ **c)** 6 · 6 = ☐☐ **d)** 10 · 8 = ☐☐
    4 · 7 = ☐☐   3 · 3 = ☐   7 · 7 = ☐☐   10 · 9 = ☐☐
    5 · 8 = ☐☐   4 · 4 = ☐☐   8 · 8 = ☐☐   10 · 7 = ☐☐
    6 · 9 = ☐☐   5 · 5 = ☐☐   9 · 9 = ☐☐   10 · 5 = ☐☐

| 4 | 9 | 16 | 18 | 25 | 28 | 36 | 40 | 49 | 50 | 54 | 64 | 70 | 80 | 81 | 90 |

2 **a)** 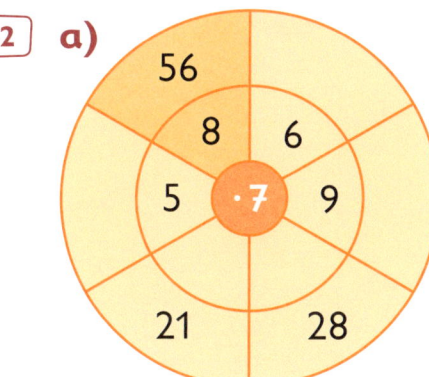 **b)** 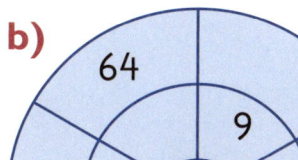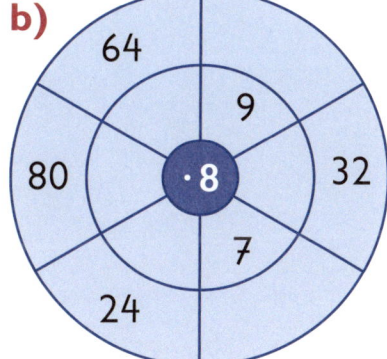 **c)**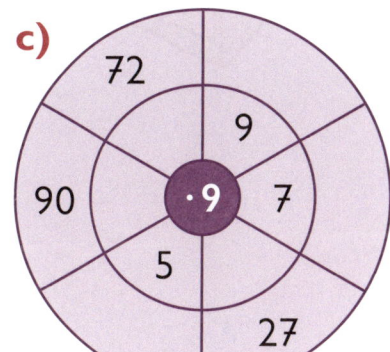

3 **a)** 6 · ☐ = 36 **b)** 9 · ☐ = 18   **4** **a)** ☐ · 7 = 35 **b)** ☐ · 8 = 24
    3 · ☐ = 15   8 · ☐ = 32   ☐ · 3 = 27   ☐ · 9 = 45
    4 · ☐ = 16   5 · ☐ = 40   ☐ · 9 = 18   ☐ · 7 = 7
    7 · ☐ = 56   3 · ☐ = 18   ☐ · 6 = 54   ☐ · 5 = 40

| 2 | 4 | 4 | 5 | 6 | 6 | 8 | 8 |

| 1 | 2 | 3 | 5 | 5 | 8 | 9 | 9 |

5 **a)**

·	5	2	7	9	3
3					
6					

b)

·	3	6	9	5	4
8					
9					

6 Kartenspiele im Angebot

Jedes Kartenspiel nur **2 €**

2 Kartenspiele kosten ☐ €
5 Kartenspiele kosten ☐☐ €
10 Kartenspiele kosten ☐☐ €

1 Finde zu jedem Bild zwei Aufgaben mit ·. Löse die Aufgaben.

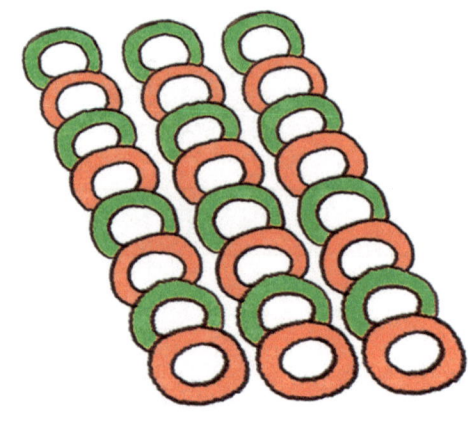

⬜ · ⬜ = ⬜⬜

⬜ · ⬜ = ⬜⬜

⬜ · ⬜ = ⬜⬜

⬜ · ⬜ = ⬜⬜

2

| 2 | ·3 → | ⬜ | ·5 → | ⬜ | :6 → | ⬜ | ·4 → | ⬜ | :2 → | 10 |

3 Ben will 9 Dreiecke legen.
Wie viele Stäbchen benötigt er?

Antwort: _____

4 An jedem Tisch sollen 6 Stühle stehen.
Wie viele Stühle werden
für 7 Tische benötigt?

Antwort: _____

5 Bei 5 Autos sollen die Reifen gewechselt
werden.
Wie viele neue Reifen werden benötigt?

Antwort: _____

1: Aufgaben finden und lösen   2: Aufgabenkette lösen
3 bis 5: Inhalt erfassen; Aufgaben bilden, lösen und antworten

In der Gärtnerei

1

Der Gärtner setzt 32 Salatpflanzen in 4 Reihen.

Frage: _____

Aufgabe:

Antwort: _____

2

Insgesamt werden 21 Kirschbäume gepflanzt.
In einer Reihe stehen immer 7 Bäume.

Frage: _____

Aufgabe:

Antwort: _____

3 Ergänze die Tabelle.

Pflanzen insgesamt	20	30	35	54	20	72	32	45
Pflanzen in einer Reihe	4	10	5	6	4	9	8	9
Anzahl der Reihen								

$\div \quad \overline{}$
$+ \quad \div$

1 **a)**

:5 →			·5 →	
25			6	
30			5	
45			3	
50			2	
40			4	

b)

:8 →			·8 →	
72			5	
48			7	
16			4	
40			8	
24			6	

2 Bilde die Aufgabenfamilien.

a) 7 8 56

b) 9 6 54

c) 5 8 40

7	·	8
8	·	7
5 6	:	8
5 6	:	7

3 Rechne und male aus.

grau	9, 3
rot	4, 2
gelb	5, 1
grün	8, 7
blau	6, 10

24 : 4   4 : 2   30 : 6   27 : 3   3 : 3   40 : 4   2 : 2   80 : 8   36 : 9   18 : 9   12 : 4   45 : 9   15 : 3   9 : 3   54 : 6   70 : 10   40 : 5   49 : 7

1: Tabellen ergänzen   2: Aufgabenfamilien bilden
3: Aufgaben lösen und Bild nach Vorgabe färben

Kombinieren

1 Tim darf sich von den Tellern ein Gebäck und
eine Frucht nehmen. Wie viele Möglichkeiten hat er?

Tipp!
Vervollständige die Tabelle.
Finde dazu eine Additions- oder
eine Multiplikationsaufgabe.

	Birne	Banane	Apfelsine	Apfel
Brezel	Brezel und Birne	_____ _____	_____ _____	_____ _____
Hörnchen	_____ _____	_____ _____	_____ _____	_____ _____
Brötchen	_____ _____	_____ _____	_____ _____	_____ _____

▢ + ▢ + ▢ + ▢ = ▢▢   oder   ▢ · ▢ = ▢▢

Antwort: _____

2 Finde verschiedene Möglichkeiten, mit diesen Scheinen und Münzen zu
bezahlen.

Geld-betrag	50	20	10	5	2 €	1 €
65 €	1		1	1		
65 €						
65 €						
33 €						
33 €						
33 €						

1 Es gibt mehrere Wege vom Start zum Ziel.
Zeichne zwei mögliche Wege mit verschiedenen Farben ein.

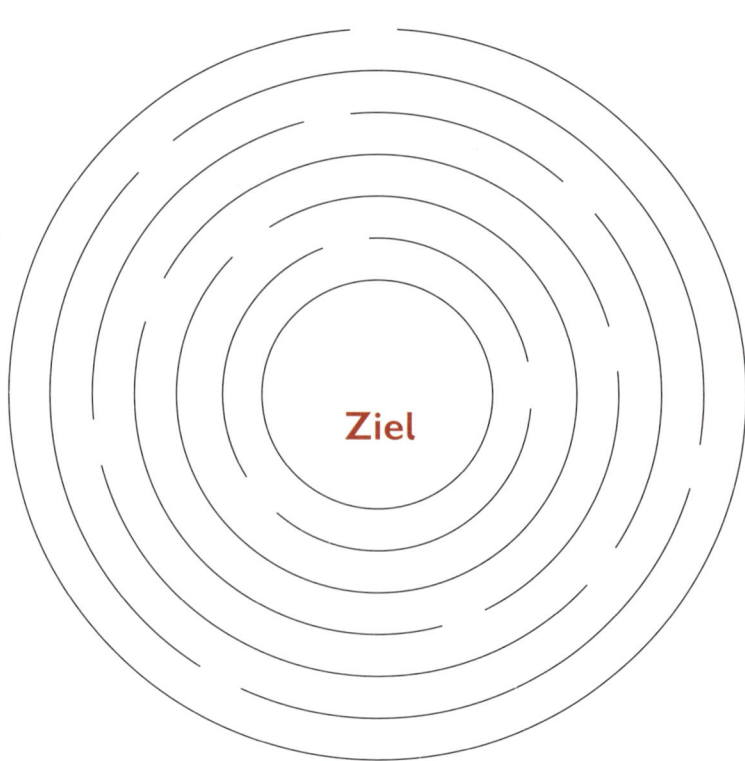

2 Lustige Sätze gesucht

 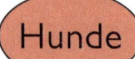

Bilde Sätze aus diesen 6 Wörtern und schreibe sie auf.

Vögel grunzen. Schweine _____

_____

_____

3 Lege mit Stäbchen die Figur.

a) Nimm Stäbchen in einer Farbe.

b) Nimm Stäbchen in zwei Farben.

c) Nimm Stäbchen in vier Farben.

68
1: Zwei Wege finden und einzeichnen   2: Sätze bilden und aufschreiben
3: Stäbchen nach Vorgabe legen
TÜ 62

Informationen aus Tabellen und Diagrammen

1 In diesem Streifendiagramm ist die Anzahl der Kinder
in den Klassen 1 bis 4 einer Grundschule dargestellt.

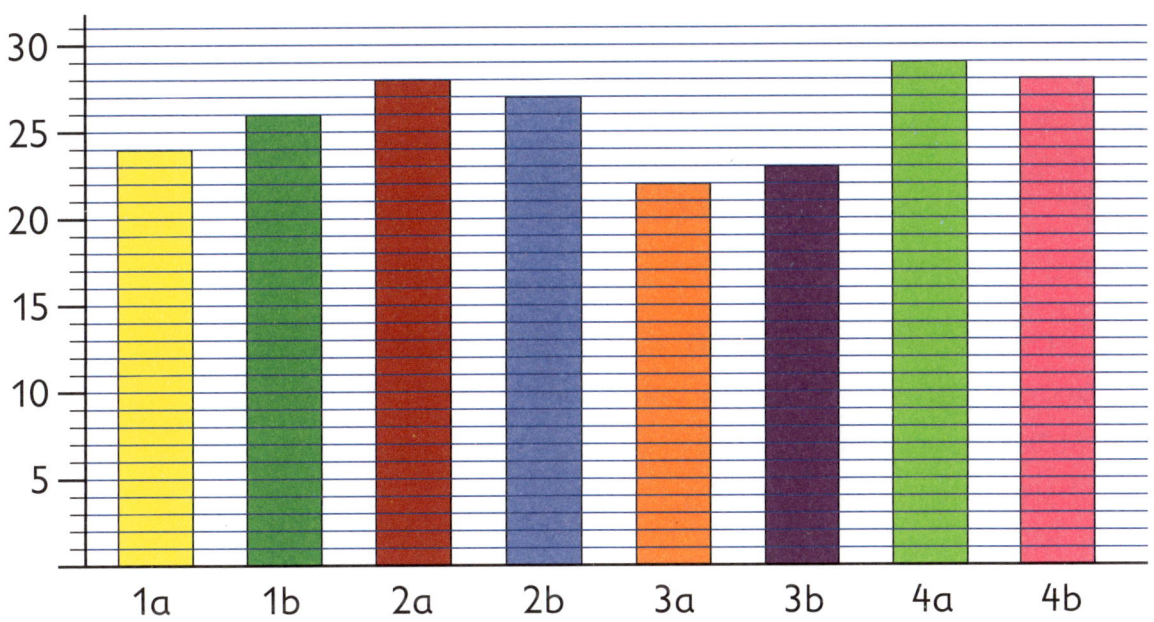

a) In welche Klasse gehen die meisten Kinder? Klasse: ☐☐ Kinder: ☐☐

b) In welche Klasse gehen die wenigsten Kinder? Klasse: ☐☐ Kinder: ☐☐

c) Wie viele Kinder sind in jeder Klassenstufe?

Klassenstufe 1: ☐ + ☐ = ☐ Klassenstufe 3: ☐ + ☐ = ☐
Klassenstufe 2: ☐ + ☐ = ☐ Klassenstufe 4: ☐ + ☐ = ☐

d) In welche Klassenstufe gehen die meisten Kinder?

Klassenstufe: ☐

2 In dieser Tabelle stehen die Schwimmer und Nichtschwimmer der 2. Klassen.

Klasse	Schwimmer	Nichtschwimmer
2a	9	19
2b	12	15

a) Wie viele Schwimmer
sind es zusammen?

Schwimmer: ☐☐

b) Wie viele Nichtschwimmer
sind es zusammen?

Nichtschwimmer: ☐☐

1: Daten dem Diagramm entnehmen und damit rechnen
2: Zahlen der Tabelle entnehmen und damit rechnen

1 Der Zirkus bietet für Kinder ein Sonderprogramm von Montag bis Donnerstag an. Tom hat für die Kartenbestellung der 2. Klassen eine Strichliste angefertigt.

a) Übertrage die Daten aus der Strichliste in die Tabelle.

Tag	Montag			
Anzahl	9			

b) Wie viele Kinder wollen insgesamt Karten haben?

⬜ + ⬜ + ⬜ + ⬜ = ⬜   ⬜ Kinder wollen Karten haben.

2 Lies aus dem Streifendiagramm ab, wie viele Kinder der 4. Klassen den Zirkus besuchten. (1 Kästchen bedeutet 1 Kind)

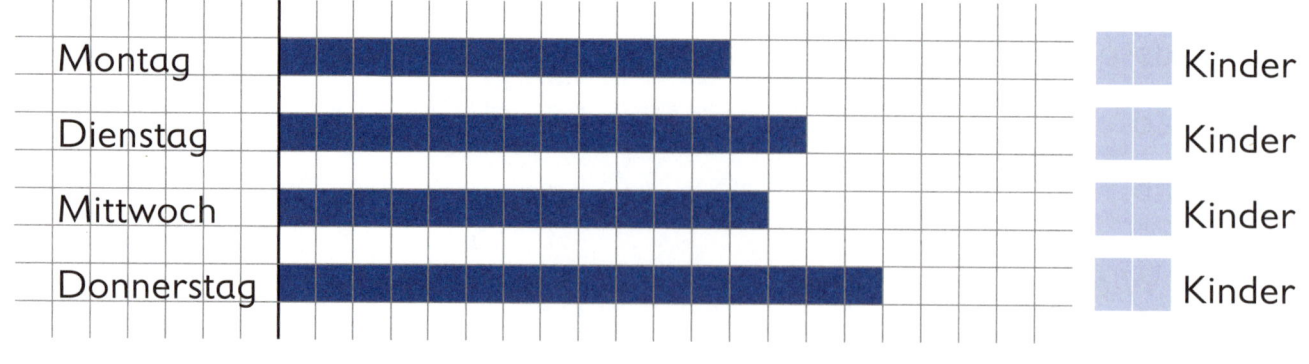

Montag — ⬜ Kinder
Dienstag — ⬜ Kinder
Mittwoch — ⬜ Kinder
Donnerstag — ⬜ Kinder

⬜ + ⬜ + ⬜ + ⬜ = ⬜

Insgesamt besuchten ⬜ Kinder der 4. Klassen den Zirkus.

1: Strichliste lesen; Daten in die Tabelle eintragen; die Gesamtzahl berechnen
2: Anzahl der Kinder aus dem Diagramm ablesen; die Gesamtzahl berechnen

Kalender – Woche, Monat, Datumsangabe

1 Ergänze die fehlenden Namen der Tage in der richtigen Reihenfolge.

_____, Dienstag, _____, _____,

_____, Sonnabend, _____

2 Schreibe die Monate im Jahresverlauf auf.

_____, _____, März, _____,

_____, _____, _____, August,

_____, _____, _____, _____

3 Ergänze.

vorgestern	gestern	heute	morgen	übermorgen

4 Schreibe zu jedem Datum die andere Form auf.

24. März	24. 03.	01. 02.	1. Februar
12. Januar		17. 04.	
14. Mai		20. 08.	
4. Dezember		30. 10.	
22. September		10. 11.	

5 Die Urlaubskarte hat Opa am 2. Mai abgeschickt.
Sie kam nach 5 Tagen an. Wann war das?

_____

_____

Inhaltsverzeichnis

Die Zahlen bis 100
Addieren und Subtrahieren bis 10 1
Addieren und Subtrahieren bis 20 3
Tauschaufgaben und Umkehraufgaben 6
Die Zehnerzahlen bis 100 7
Addieren und Subtrahieren
mit Zehnerzahlen 8
Alle Zahlen bis 100 9

Geometrie
Geraden, die einander schneiden 11
Geraden, die zueinander parallel sind 12
Geraden, die zueinander senkrecht sind . . 13

Addieren und Subtrahieren bis 100
Addieren und Subtrahieren
einstelliger Zahlen mit Zehnerzahlen 14
Addieren einstelliger Zahlen
zu zweistelligen Zahlen 16
Subtrahieren einstelliger Zahlen
von zweistelligen Zahlen 17
Addieren und Subtrahieren
mit Zehnerübergang 18

Größen
Rechnen mit Geld 21

Geometrie
Dreiecke und Vierecke 24
Rechtecke und Quadrate 26
Muster zeichnen 27

Größen
Zentimeter 28
Messen, Zeichnen und
Vergleichen von Strecken 29

Rechnen mit zweistelligen Zahlen
Addieren und Subtrahieren
zweistelliger Zahlen mit Zehnerzahlen . . . 30
Addieren und Subtrahieren
ohne Zehnerübergang 31

Geometrie
Quader, Würfel und Kugel 33
Bauen mit Würfeln 35

Rechnen mit zweistelligen Zahlen
Addieren zweistelliger Zahlen
mit Zehnerübergang 36
Subtrahieren zweistelliger Zahlen
mit Zehnerübergang 37
Addieren und Subtrahieren
mit Zehnerübergang 38

Multiplizieren und Dividieren
Multiplizieren 40
Multiplizieren mit 2 42
Multiplizieren mit 10 und 5 43
Dividieren 44
Dividieren – Umkehraufgaben 45
Dividieren durch 2 46
Verdoppeln und Halbieren 47
Gerade und ungerade Zahlen 48
Dividieren durch 10 und 5 49
Multiplizieren und Dividieren 50

Geometrie
Zeichnen von Kreisen 52
Symmetrische Figuren 53

Größen
Die Uhrzeit 54
Zeitpunkt und Zeitdauer 56

Multiplizieren und Dividieren
Multiplizieren und Dividieren mit 4 57
Multiplizieren und Dividieren mit 8 58
Multiplizieren und Dividieren mit 3 59
Multiplizieren und Dividieren mit 6 60
Multiplizieren und Dividieren mit 9 61
Multiplizieren und Dividieren mit 7 62
Multiplizieren und Dividieren 63
Kombinieren 67
Informationen aus Tabellen
und Diagrammen 69

Größen
Kalender – Woche, Monat,
Datumsangabe 71

Auf den blauen Zetteln findest du
die Lösungen:

3 4 5 6

Auswertungsbogen — Lernstandserhebungen Mathematik, Klasse 2   Name: _____

Lernstandserhebung 1: *Daten, Häufigkeit und Wahrscheinlichkeit und Größen und Messen*

durchgeführt am _____   Klasse: _____

Aufgabe	Daten, Häufigkeit und Wahrscheinlichkeit	Größen u. Messen	Niveau	Fähigkeiten, Fertigkeiten und Kenntnisse	Lösungen / Beobachtungen und Notizen
6	x		2	• Einem Text relevante Informationen entnehmen • Übertragen relevanter Informationen in eine Skizze, Beschränkung auf notwendige Details	Es sind mehrere Lösungen möglich, z. B.
7	x		2	• Lesen von Tabellen • Vergleichen von Angaben nach verschiedenen Kriterien: alters- sowie geschlechtsabhängig • Herstellen von Zahlzusammenhängen	Vergleicht das Kind die Daten nur zeilenweise, nur spaltenweise oder beides? • spaltenweise: – Mädchen wachsen jeden Monat 3 cm. – Jungen wachsen jeden Monat 3 cm. • zeilenweise: J. sind 1 cm größer als M. • spalten- und zeilenweise: M. und J. wachsen jeden Monat gleich viel.
8		x	2	• Zerlegen eines Betrags in genau 5 Teilbeträge • Wechseln von Geldmünzen/-scheinen • Herstellen von Zahlzusammenhängen zwischen den Geldwerten	Es sind mehrere Lösungen möglich, z. B. 7,50 €: • 5€ + 2€ + 20 ct + 20 ct + 10 ct • 2€ + 2€ + 2€ + 1€ + 50 ct 53,00 €: • 20€ + 20€ + 10€ + 2€ + 1€ • 50€ + 1€ + 1€ + 50 ct + 50 ct
9	x	x	3	• Kenntnis der Grundbegriffe „sicher", „unmöglich", „wahrscheinlich" • Korrekte Verwendung der Begriffe • Vertrautheit mit den jeweiligen Sachsituationen	• Ein Mensch kann … – **unmöglich** • Im August ist … – **wahrscheinlich** • Beim Würfeln erhalte … – **sicher** • Wenn man eine Münze … – **sicher** • Im Januar liegt … – **wahrscheinlich** • Ein H…nd kann … – **unmöglich**

Niveaustufen: **1** = „Reproduzieren" → erfordert grundlegende Fähigkeiten   **2** = „Zusammenhänge herstellen" → erfordert erweiterte Fähigkeiten   **3** = „Verallgemeinern, Reflektieren und Beurteilen" → erfordert fortgeschrittene Fähigkeiten

Auswertungsbogen Lernstandserhebungen Mathematik, Klasse 2

Name: _____

Klasse: _____

durchgeführt am _____

Lernstandserhebung 1: *Daten, Häufigkeit und Wahrscheinlichkeit und Größen und Messen*

Aufgabe	Daten, Häufigkeit und Wahrscheinlichkeit	Größen u. Messen	Niveau	Fähigkeiten, Fertigkeiten und Kenntnisse	Lösungen	Beobachtungen und Notizen
10		x	3	• Kenntnis über die Anzahl der Tage der Monate • Addition zweistelliger Zahlen ohne ZÜ	**5 Tage im August** **+ 30 Tage im September** **+ 31 Tage im Oktober** **+ 13 Tage im November** **= 79 Tage** A: **Es sind noch 79 Tage.** Ebenfalls möglich: Es sind noch 78 Tage. (Falls im November nur 12 Tage gezählt werden.)	
11		x	3	• Kenntnis von Repräsentanten zu 1 m und 10 cm • Schätzen von Längen • Addition von Längen • Ggf. auf die sprachliche Verwendung der Begriffe „Größe", „Höhe", „Länge" eingehen	Die Lösungen können je nach Schätzung voneinander abweichen, z. B.: Esel: ca. 1 m 30 cm Hund: ca. 40 cm Katze: ca. 20 cm Hahn: ca. 30 cm Insgesamt: ca. 2 m 20 cm	
12	x		3	• Entnahme relevanter Informationen aus einem Text • Ermittlung aller Kombinationsmöglichkeiten (Jede Eissorte kann mehrfach genommen werden, die Reihenfolge der Eissorten spielt keine Rolle.) • Möglichkeit zum systematischen Vorgehen	Die Reihenfolge der Eissorten spielt keine Rolle. **Es gibt 10 Möglichkeiten:** **VV, VS, VE, VZ, SS, SE, SZ, EE, EZ, ZZ**	

Niveaustufen: 1 = „Reproduzieren" → erfordert grundlegende Fähigkeiten 2 = „Zusammenhänge herstellen" → erfordert erweiterte Fähigkeiten 3 = „Verallgemeinern, Reflektieren und Beurteilen" → erfordert fortgeschrittene Fähigkeiten

Liebe Lehrerinnen und Lehrer,

die bundesweiten Vergleichsarbeiten (VERA) zur Lernstandserhebung sind in der Grundschule mittlerweile zu einem festen Bestandteil geworden. Sie werden jährlich gegen Ende der dritten Klasse durchgeführt und sollen das Erreichen der Bildungsstandards überprüfen sowie Hinweise zur Verbesserung der Lernleistungen und für die Weiterentwicklung des Unterrichts geben. Dazu gehört auch die Verbesserung der Diagnosegenauigkeit.

Sich über einen längeren Zeitraum auf Aufgaben zu konzentrieren, ist für viele Schülerinnen und Schüler ungewohnt und anstrengend. Das gilt auch für die Erfahrung, unter Zeitdruck zahlreiche, zum Teil noch unbekannte Aufgabenformate ohne Hilfsmittel bearbeiten zu müssen.

Mit den vorliegenden Lernstandserhebungen möchten wir Ihre Schülerinnen und Schüler und Sie selbst unterstützen:

- Den Schülerinnen und Schülern sollen die vorliegenden Lernstandserhebungen helfen, sich mit sorgfältig ausgewählten Aufgaben, wie sie auch in den Vergleichsarbeiten verwendet werden, **auf die ungewohnte Testsituation vorzubereiten**. Möglicherweise vorhandene Ängste können so abgebaut und es kann Sicherheit gegenüber der zukünftigen Testsituation gewonnen werden.

- Bei Ihrer **täglichen förderdiagnostischen Arbeit** sollen die Lernstandserhebungen Sie unterstützen und dabei helfen, aktuelle Lernstände und vorhandene Kompetenzen Ihrer Schülerinnen und Schüler in den verschiedenen inhaltlichen Bereichen einzuschätzen und den individuellen förderdiagnostischen Bedarf zu ermitteln.

Die Aufgaben sind an den KMK Bildungsstandards sowie den Lehr- und Bildungsplänen der Bundesländer orientiert und fokussieren die dort beschriebenen Lernziele und zu erreichenden Kompetenzen.

Im **Auswertungsbogen** werden neben den **Aufgabenlösungen** das jeweilige **Niveau** der Aufgabe sowie die jeweils fokussierten **Fähigkeiten, Fertigkeiten und Kenntnisse** beschrieben, die zur Aufgabenbewältigung im Wesentlichen benötigt werden.

In Anlehnung an die drei in den KMK Bildungsstandards angeführten Anforderungsbereiche „Reproduzieren", „Zusammenhänge herstellen" sowie „Verallgemeinern und Reflektieren" (vgl. Bildungsstandards im Fach Mathematik für den Primarbereich, Beschluss vom 15. 10. 2004, S. 13) und den VERA-Fähigkeitsniveaus 1–3 (vgl. Beschreibung der Fähigkeitsniveaus Mathematik VERA 2009, S. 2) sind den Aufgaben der vorliegenden Lernstandserhebungen drei Niveaustufen zugeordnet, die entsprechend *grundlegende*, *erweiterte* und *fortgeschrittene* Fähigkeiten erfordern.

Niveau 1: „Reproduzieren" ➞ erfordert grundlegende Fähigkeiten

Das Lösen der Aufgabe erfordert Grundwissen und das Ausführen von Routinetätigkeiten.

Niveau 2: „Zusammenhänge herstellen" ➞ erfordert erweiterte Fähigkeiten

Das Lösen der Aufgabe erfordert das Erkennen und das Nutzen von Zusammenhängen.

Niveau 3: „Verallgemeinern, Reflektieren und Beurteilen" ➞ erfordert fortgeschrittene Fähigkeiten

Das Lösen der Aufgabe erfordert komplexe Tätigkeiten wie z. B. Strukturieren, Entwickeln von Strategien, Beurteilen und Verallgemeinern.

Der Auswertungsbogen der Lernstandserhebungen bietet darüber hinaus Platz für Ihre **Beobachtungen und Notizen** zur Einschätzung des jeweiligen Lernstandes des Kindes im Rahmen Ihrer förderdiagnostischen Arbeit.

Den Schülerinnen und Schülern ermöglicht ein einfaches Smiley-System auf den Testseiten die **Selbsteinschätzung** und schafft so eine Basis zur Reflexion des eigenen Lernstandes. Gemeinsam mit dem Kind können anschließend die Ergebnisse aus der Selbsteinschätzung und Ihre Einschätzungen aus dem Auswertungsbogen in einem förderdiagnostischen Gespräch zu einem Gesamtbild zusammengefügt und Lernziele sowie nächste Lernschritte vereinbart werden. Dabei kann es im Sinne einer dialogisch orientierten Förderdiagnostik sehr aufschlussreich sein, nach Lösungswegen und Erklärungen bei falsch gelösten Aufgaben zu fragen, um Einblicke in die Denkwege Ihrer Schülerinnen und Schüler bei der Lösung einer Aufgabe zu bekommen.

Die Lernstandsseiten erheben nicht den Anspruch, eine kontinuierliche Beobachtung und Dokumentation des Lernverlaufs sowie förderdiagnostische Maßnahmen zu ersetzen. Sie können aber einen wichtigen Beitrag zu Ihrer alltäglichen förderdiagnostischen Arbeit leisten.

Ihr Cornelsen Verlag

> *Hinweis:*
> Weitere Lernstandserhebungen zu den hier nicht behandelten Bereichen finden Sie in den Handreichungen.

Erarbeitet von:	Silke Ladel
Redaktion:	Peter Groß
Illustrationen:	Gabriele Heinisch
Grafik:	Christine Wächter
Layout und technische Umsetzung:	Birgit Riemelt

Liebe Schülerin, lieber Schüler,

mit diesen Aufgaben kannst du herausfinden, was du schon gut kannst und was du noch üben solltest.

Bearbeite die Aufgabenblätter so:

1. Schreibe deinen Namen und das Datum oben auf jedes Blatt.

Name: Datum:

2. Lies dir die Aufgabe in Ruhe durch.

3. Bearbeite die Aufgabe.

4. Wenn du bei einer Aufgabe nicht weiterkommst,
   mache bei der nächsten weiter und versuche es später noch einmal.
   Du kannst auch jemanden um Hilfe fragen.

5. Wenn du eine Aufgabe bearbeitet hast, kreuze an,
   wie leicht oder wie schwierig du sie findest:

Diese Aufgabe
☺ kann ich gut lösen
😐 kann ich nur zum Teil lösen
☹ kann ich gar nicht lösen

Viel Spaß und viel Erfolg!

Name: **Datum:**

1 Spendenlauf

Ina macht bei einem Spendenlauf mit.
Für jede gelaufene Runde kommen 3 € in einen Spendentopf.
Fülle die Tabelle aus.

Gelaufene Runden	1	3	5	7	9
Spende	3 €				

2

a) Wie viel Uhr ist es? Gib jeweils zwei Uhrzeiten an.

b) Zeichne die Zeiger der Uhr richtig ein.

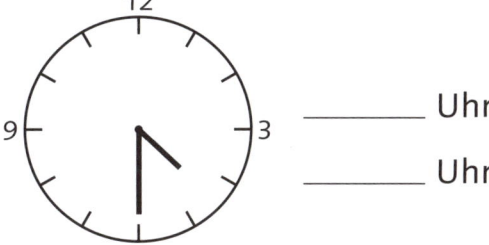 _____ Uhr
_____ Uhr

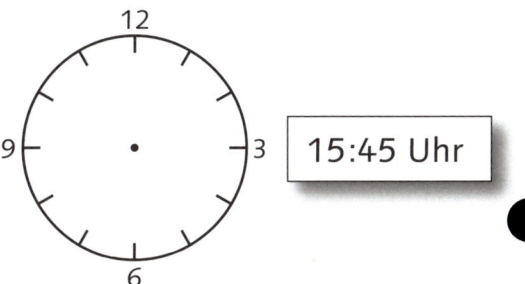 15:45 Uhr

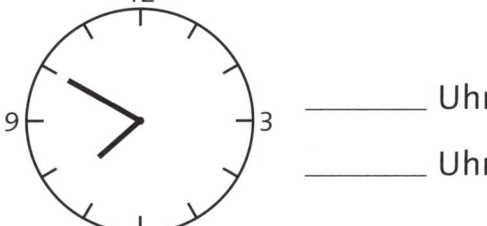 _____ Uhr
_____ Uhr

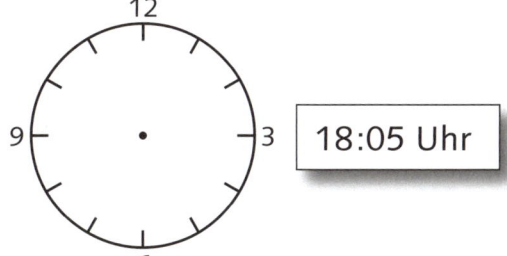 18:05 Uhr

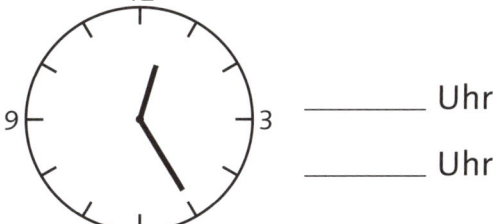 _____ Uhr
_____ Uhr

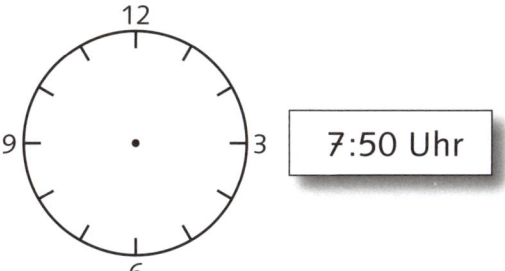 7:50 Uhr

© 2018 Cornelsen Verlag GmbH, Berlin. Alle Rechte vorbehalten.

Wie ist mein
Ergebnis?

3 Im Sport

Lies die Tabelle.

👕 Farbe	Kinder
Blau	✝✝✝✝ ‖
Rot	‖‖
Gelb	‖‖
Grün	‖
Weiß	✝✝✝✝ ✝✝✝✝ ‖

Ergänze die Sätze. Die Tabelle hilft dir.

a) Es sind **insgesamt** _____ Kinder.

b) Es haben **mehr** Kinder ein 👕 in der Farbe _____ an **als**

ein 👕 in der Farbe _____ .

c) Es haben **genau gleich viele** Kinder ein 👕 in der

Farbe _____ an **wie** ein 👕 in der Farbe _____ .

d) Es haben **weniger** Kinder ein 👕 in der Farbe _____ an

als ein 👕 in der Farbe _____ .

e) Teile **alle** Kinder in **zwei gleich große** Gruppen ein.
Kreuze an.

Gruppe 1:

☐ Blau ☐ Rot ☐ Gelb ☐ Grün ☐ Weiß = _____ Kinder

Gruppe 2:

☐ Blau ☐ Rot ☐ Gelb ☐ Grün ☐ Weiß = _____ Kinder

☺ kann ich gut lösen   😐 kann ich nur zum Teil lösen   ☹ kann ich gar nicht lösen

Name:

Datum:

4 **Im Spielwarenladen**

Beispiel
Die Puppe kostet: 32 €
gegeben: 50 €
Rückgeld: 18 €

32 €

Ergänze die fehlenden Zahlen.

a)  37 €

b)  28 €

c)

Pferd:	37 €	Auto:	28 €	Spiele:	____ €
gegeben:	50 €	gegeben:	____ €	gegeben:	100 €
Rückgeld:	____ €	Rückgeld:	12 €	Rückgeld:	84 €

Name: Datum:

Wie ist mein Ergebnis?

☺ ☺ ☹

5 Ordne die Längen der Größe nach.
Beginne mit der kürzesten.

1 m 60 cm;   58 cm;   8 cm 9 mm;   97 mm;   60 cm 5 mm

1. _____

2. _____

3. _____

4. _____

5. _____

☺ ☺ ☹

6 **Die Sonnenblume wächst**

Am ersten Tag ist die Sonnenblume 2 cm groß.
Sie wächst in der ersten Woche
immer 1 cm an 2 Tagen.

Zeichne eine Skizze.

☺ kann ich gut lösen   ☺ kann ich nur zum Teil lösen   ☹ kann ich gar nicht lösen

Wie ist mein Ergebnis?

7 **Größentabelle**

So groß sind Mädchen und Jungen in den ersten 5 Monaten nach der Geburt:

Alter	Mädchen	Jungen
1 Monat	53 cm	54 cm
2 Monate	56 cm	57 cm
3 Monate	59 cm	60 cm
4 Monate	62 cm	63 cm
5 Monate	65 cm	66 cm

Was fällt dir auf?

☺ kann ich gut lösen   😐 kann ich nur zum Teil lösen   ☹ kann ich gar nicht lösen

Wie ist mein
Ergebnis?

8 Bezahle mit **genau 5** Münzen oder Schein

6,00 €	
10 ct	
20 ct	
50 ct	||
1 €	|
2 €	||
5 (Schein)	

Beispiel: 6 € = 50 ct + 50 ct + 1 € + 2 € + 2 €

Fülle die Tabellen aus.

7,50 €	
10 ct	
20 ct	
50 ct	
1 €	
2 €	
5 (Schein)	

53,00 €	
50 ct	
1 €	
2 €	
5 (Schein)	
10 (Schein)	
20 (Schein)	

Schreibe wie im Beispiel.

7,50 € = _____

53,00 € = _____

☺ kann ich gut lösen   😐 kann ich nur zum Teil lösen   ☹ kann ich gar nicht lösen

Name: Datum:

9 Sicher, unmöglich oder wahrscheinlich?

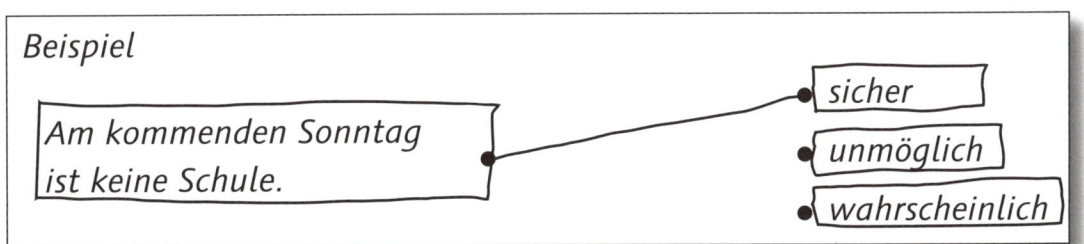

Beispiel

Am kommenden Sonntag ist keine Schule.	• sicher
	• unmöglich
	• wahrscheinlich

Verbinde.

Ein Mensch kann fünf Stunden lang die Luft anhalten.	
Im August ist das Wetter schön.	• sicher
Beim Würfeln erhalte ich eine 1, 2, 3, 4, 5 oder 6.	• unmöglich
	• wahrscheinlich

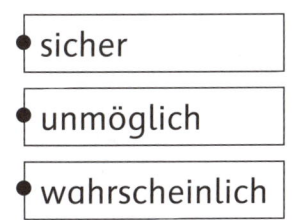

Wenn man eine Münze wirft, erhält man entweder Kopf oder Zahl.	• sicher
Im Januar liegt Schnee.	• unmöglich
Ein Hund kann fliegen.	• wahrscheinlich

© 2018 Cornelsen Verlag GmbH, Berlin.
Alle Rechte vorbehalten.

☺ kann ich gut lösen   😐 kann ich nur zum Teil lösen   ☹ kann ich gar nicht lösen

Name:

Datum:

Wie ist mein Ergebnis?

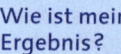

10 Malte hat am 13. November Geburtstag.
Wie viele Tage sind es noch?

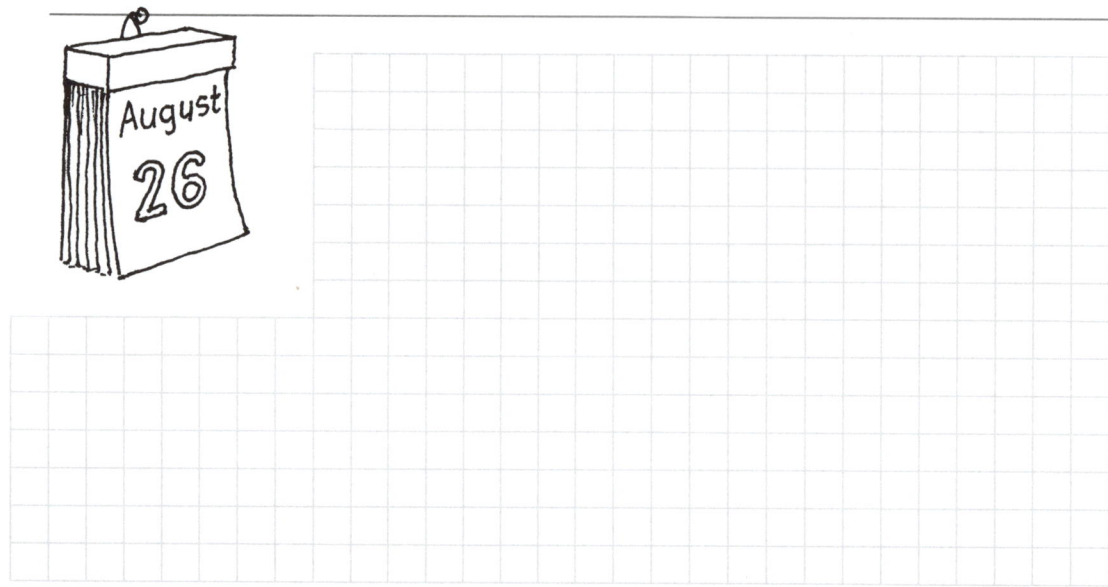

11 Wie groß sind die Bremer Stadtmusikanten
(Esel, Hund, Katze, Hahn) zusammen,
wenn sie aufeinanderstehen?

Tipp: Schätze zuerst die Größe der einzelnen Tiere.

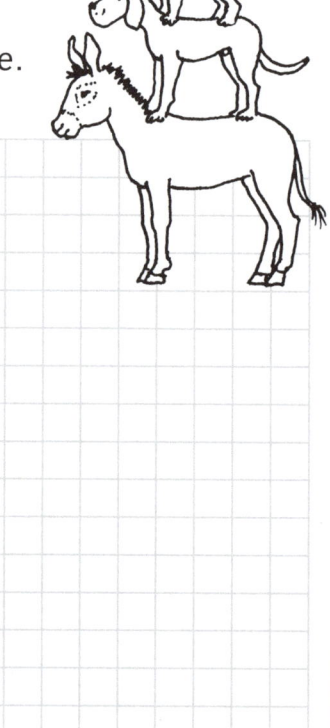

 kann ich gut lösen    kann ich nur zum Teil lösen   ☹ kann ich gar nicht lösen

Name:

Datum:

12 Am Eisstand gibt es 4 verschiedene Sorten:
Vanille, Schokolade, Erdbeere und Zitrone.

Du darfst dir 2 Kugeln aussuchen.

Wie viele verschiedene Möglichkeiten hast du?

_____

_____

Du kannst auch ein Bild dazu malen.

 kann ich gut lösen   kann ich nur zum Teil lösen   kann ich gar nicht lösen

Auswertungsbogen Lernstandserhebungen Mathematik, Klasse 2   Name: _____   Klasse: _____

durchgeführt am _____

Lernstandserhebung 1: Daten, Häufigkeit und Wahrscheinlichkeit und Größen und Messen

Aufgabe	Daten, Häufigkeit und Wahrscheinlichkeit	Größen u. Messen	Niveau	Fähigkeiten, Fertigkeiten und Kenntnisse	Lösungen	Beobachtungen und Notizen
1	x		1	• Kenntnis über den Aufbau von Tabellen • Einmaleins der 3	Runden / Spende Tabelle (siehe unten)	

2a		x	1	• Lesen einer analogen Uhr:
				• Stundenzeiger (klein)
				  hier: 1 Stunde pro Strich
				• Minutenzeiger (groß)
				  hier: 5 Minuten pro Strich
				• Zu beachten: Der Stundenzeiger bewegt sich mit dem Minutenzeiger mit.
				• Addition der 12
					a)
					• **16:30** Uhr; **4:30** Uhr
					• **19:50** Uhr; **7:50** Uhr
					• **12:25** Uhr; **0:25** Uhr	

2b		x	1	• Eintragen von Stunden- und Minutenzeiger (Format der Uhr analog 2a) • Besonders zu beachten: Der Stundenzeiger bewegt sich mit dem Minutenzeiger mit.	b) siehe Uhren (15:45 Uhr, 07:50 Uhr, 18:05 Uhr)	

Tabelle zu Aufgabe 1:

Runden	1	3	5	7	9
Spende	3 €	9 €	15 €	21 €	27 €

Niveaustufen: **1** = „Reproduzieren" → erfordert grundlegende Fähigkeiten   **2** = „Zusammenhänge herstellen" → erfordert erweiterte Fähigkeiten   **3** = „Verallgemeinern, Reflektieren und Beurteilen" → erfordert fortgeschrittene Fähigkeiten

Auswertungsbogen Lernstandserhebungen Mathematik, Klasse 2

Name: _____ Klasse: _____

durchgeführt am _____

Lernstandserhebung 1: Daten, Häufigkeit und Wahrscheinlichkeit und Größen und Messen

Aufgabe	Daten, Häufigkeit und Wahrscheinlichkeit	Größen u. Messen	Niveau	Fähigkeiten, Fertigkeiten und Kenntnisse	Lösungen	Beobachtungen und Notizen
3	x		2	• Lesekompetenz • Lesen von Tabellen und Strichlisten (5er-Bündelung) • Entnahme von Daten aus einer Tabelle • Addition von Anzahlen • Vergleichen von Anzahlen: „mehr als", „genau gleich viele wie", „weniger als", „gleich groß"	**a) 26** **b)** Es sind mehrere Lösungen möglich, z. B. mehr T-Shirts in der Farbe Blau als Gelb **c)** Genau gleich viele T-Shirts in der Farbe Rot wie Gelb (korrekt wäre auch: Rot und Gelb und Grün sind gleich viele wie Blau oder auch Lösung e) **d)** Es sind mehrere Lösungen möglich, z. B. weniger T-Shirts in der Farbe Grün als Rot **e)** Gruppe 1: **Weiß und Grün = 13** Kinder; Gruppe 2: **Blau und Rot und Gelb = 13** Kinder	
4		x	1	• Erfahrungen mit der Situation „Einkaufen" • Lösen von Aufgaben mit Geld • Variation des Gesuchten; Subtraktion und Addition zweistelliger Zahlen ohne ZÜ	**a)** Rückgeld: 13 € **b)** gegeben: 40 € **c)** Spiele: 16 €	
5		x	2	• Kenntnis über den Zusammenhang der verschiedenen Längenmaße: 1 m = 100 cm; 1 cm = 10 mm • Umwandeln von Längenmaßen • Anwendung des Verfahrens zum Ordnen von Größen	1. **8 cm 9 mm** 2. **97 mm** 3. **58 cm** 4. **60 cm 5 mm** 5. **1 m 60 cm**	

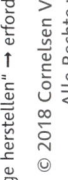

Niveaustufen: 1 = „Reproduzieren" → erfordert grundlegende Fähigkeiten 2 = „Zusammenhänge herstellen" → erfordert erweiterte Fähigkeiten 3 = „Verallgemeinern, Reflektieren und Beurteilen" → erfordert fortgeschrittene Fähigkeiten